頑張らない台所

60歳からは
ラクして
おいしい

村上祥子

大家族が、やがておふたりさま、おひとりさまに

私、村上祥子、76歳です。

知人のアンさんとそのお友だち、12人のアメリカ婦人の「日本の家庭料理教室」をスタートしてから、ちょうど50年が経ちました。

教室を始めたおかげで、雑誌、単行本、新聞、テレビ、大学と、少しずつ活動の場が広がっていきました。ずーっと変わらないのは、いつも料理をしていることです。

60歳くらいになると、これまで4～5人分の家族の料理を作っていた人が、夫と2人分の食事作りに変わります。2人分のはずがつい多く作り過ぎたり、味が決まらず調味料を足したり、今度は濃過ぎて水で薄めたり……。もう、がっかり。

年を取ると、食事そのものがおっくうになります。買い物も、作るのも面倒になります。

今、料理をしない人が増えています。

なぜ、人はご飯を食べるのでしょう。

それは生命の流れを止めないためです。

料理は現代社会の中で唯一の原始に戻る仕事。つまり、材料を調達し、切って調理して食べることは人間の原点なのです。

私たち夫婦は、ともに母親が若くして亡くなっていたこともあり、私は双方の父親、子ども3人、いつもワイワイ集まってくる会社の独身男性たちのご飯作りをやってきました。やがて夫と2人になり、そして夫が亡くなった今、1人で暮らしています。

もはや「隠居の美学」は過去のことになり、シニアになっても自覚をもって自分らしく毎日を送ることが求められている時代だと感じます。

このたび、私がシンプル化を目指してトライしてきたキッチンのこと、そして食事作りのことを、『頑張らない台所』に書きました。

この本を手に取ってくださった皆様に、少しでもヒントになればと願っています。

村上祥子

目次

第1章 シンプルキッチンの作り方

第3章 食べることから始まる体力作り

第4章 おいしく食べて楽しく生きる

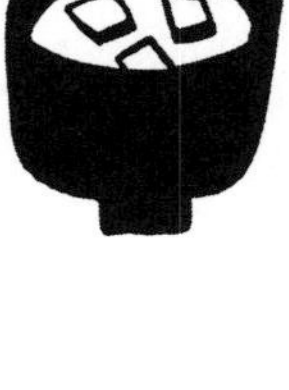

私の住まいをご紹介します

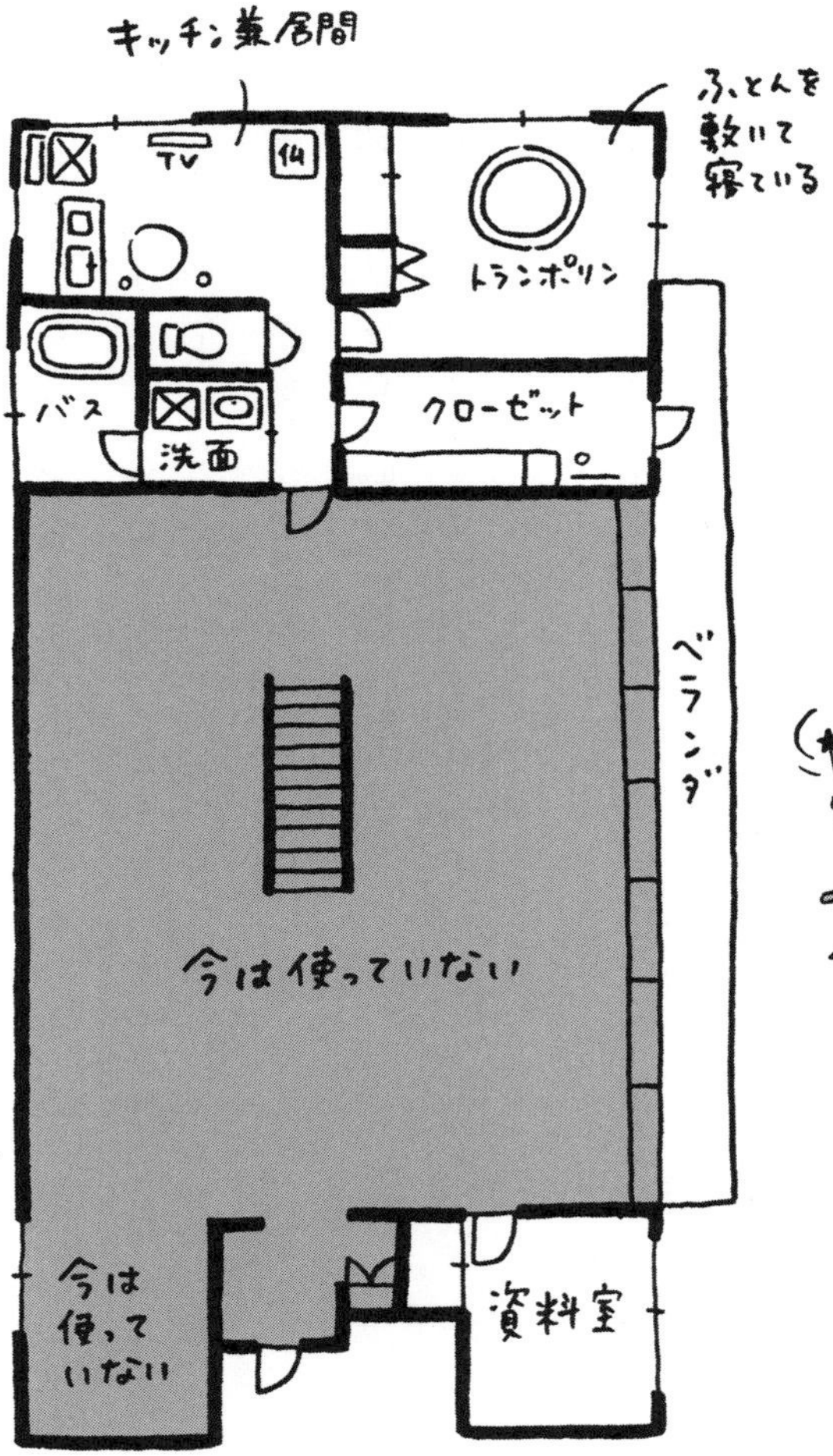

自宅の2階は料理スタジオで、3階が私の住まい。夫や子どもたちがいなくなって、居間や夫の部屋は使わなくなりました。東南の娘の部屋だったところを居住スペースにして、1DKで暮らしています。

第1章 シンプルキッチンの作り方

1●シンプルキッチンの極意は「見える」こと！

私が若かった頃からは考えられないほど、生活スタイルは大きく変わりました。蛇口をひねればお湯が出るのが、当たり前の時代です。でも、食べなければ生きていけないことに変わりはありません。

子どものため、夫のため、年老いた親のため、などの理由がなくなってからも、栄養バランスのよい食事を作って食べなくてはなりません。

「お腹が空いていないから、食事は到来物のお菓子で間に合わせよう。甘いからカロリーは十分摂れるわ」などと自己流に判断して食生活を送っていると、じわじわと体の調子は崩れていきます。

体の不調は、体の〝叫び〟。もし今何か不調があるなら、食生活が乱れていることの証拠かもしれません。

私の教室の生徒さんはいいます。「人に迷惑をかけたくない」「できればお医者様の世話にはなりたくない」。だとしたら、自分で行動しなくてはならないと思うのです。そのためには、家族がいてもいなくても「自分の目で選んだ安全な食材を購入する」↓「料理をする」↓「食べたあとを片づける」の流れを止めないことが大切です。

シニア世代が、負担なく毎日の食事を作り続けるためのキーワードは、「シンプルキッチン」です。シンプルキッチンとはすなわち、「よく使う道具や食器だけが、見えるところに収納されている」キッチン。

調理道具も食器も、たくさんあればよいというものではありません。「自分がよく使うものだけ」を、冷静に判断して数を絞り込み、見えるところに収納することで、調理しながら欲しいものにすぐ手が届き、快適ライフが実現します。

シンプルキッチンなら、いつも明るい気持ちで台所仕事ができます。そんなキッチンの作り方を、これからご紹介させていただきますね。

2● コンロは1つ、食器は棚から全部出す

わが家のキッチンは、システムキッチンのカウンターを一部切ってもらったセミオーダーです。コンロは、100VのIHクッキングヒーターが1台だけ。おひとりさまの食事の支度にはこれで十分です。

鍋は、種類も数もたくさん持っていた時期がありましたが、現在は、鍋も含めて調理道具がシンク下の引き出し1つに収まっています。

キッチンは小さいのですが、冷蔵庫は大きめです。肉や魚、野菜などのほかに、パン、米、水、乾物、調味料などすべてが収まっていて、頼りになる存在。私の生き生きとした暮らしを支えてくれています。食器棚はありません。壁に取りつけた2段のオープン棚に並んでいるのが、食器のすべてです。棚の下にフックをたくさん取りつけて、メジャーカップなどのキッチンツールを吊るしています。

3●「見える」「届く」がいいキッチン

シンプルキッチンの基本は、「見える収納」です。

料理しているときは、「使いたいとき、使いたいものがサッと手に取れる」ことが大切。使うものが見えないところにしまいこんであると「あれはどこにあったっけ」と考えたり、あちこち引き出しを開けて探すことになります。せっかく持っているのに使い忘れる、という失敗にもつながります。扉の中にあると、開け閉めの際にいちいち手を洗わなくてはいけないのも面倒です。

使いたいものがいつも見えるところにあれば、てきぱきと調理ができます。

鍋やボウル、洗い桶などを、シンクやガス台の下に収納している人は多いと思います。もし扉があるなら、扉を外してしまうのはいかがでしょうか。ワンアクションでさっと手に取れるので、使いやすくなります。

そのほか「見える収納」のために、私が実践していることをいくつかご紹介します。

1. 手の届くところに吊るす

メジャーカップ、鍋つかみのように持ち手があるもの、レードルや茶こし、計量スプーンなど持ち手に穴が開いているものは、S字フックを活用して「吊るす」収納に。

2. キッチンワゴンを使う

キャスターつきの2段のワゴンを愛用しています（34ページ参照）。上の段にはよく使う調味料やメジャーカップ、カトラリーなどを置き、下の段にはいつも飲む紅茶の缶、使いかけの油を収納しています。

3. 空きビンに立てる

箸やカトラリー、ターナー、しゃもじ、泡立て器などは、ガラスのビンに立てています。見やすいし、清潔感があります。

4. 扉をなくしてオープン棚に

ふだん使いの食器は、調理台から手を伸ばせば届く位置に設置した、2段のオープン棚に置いています。奥行きが浅いので、ひと目ですべての食器がわかります。下段の棚板の裏側にはフックを取りつけて、マグカップなどを吊るしています。

キッチン兼居間には
最小限の家具と
調理器具に食器

4● 処分できない食器は、開かずの食器棚へ

実家に子どもや孫たちが集まるときは、テーブルいっぱいに手作りの料理を並べてもてなすのが当たり前、という時代は、終わりつつあります。親族が集まるときは外食する、という家庭が多くなりました。

家族が多かったとき、「おなご衆」は皆エプロンをして、台所で立ち働いたものですが、今はそんな人手はありません。定番のごちそうだったすき焼きも、昔ほど人気がなく、「焼き肉のほうがいい」といわれてしまいます。ではみんなが好きなものが食べられるお店に出かけましょう、となる家が多いようなのです。

外食すれば、お母さん1人がバタバタ走り回る必要もありません。注文した料理が来るのを待つ間に、お互いの顔を見ながら楽しく会話ができます。

そうなると、「お客様のために」と食器棚にたくさんの和皿や洋皿、中華皿セット

を用意しておく必要は、もはやないかもしれませんね。湯飲みセットも、不要でしょう。

思い切ってリサイクルに出してはいかがでしょう。食器棚にあるものは、「いつも使う食器2個ずつ」と決めてしまえば、ホコリをかぶる心配もありません。

私は湯飲みとグラスは6個ずつありますが、食器は各2個ずつが原則です。友だちやかつての教え子が訪ねてくれて、お昼を出すときには、揃いの食器ではなく色とりどりの小鉢が活躍。6人程度ならまかなえます。

そのほか、マジョリカ焼きの皿を壁に2枚飾っていて、いざ大皿の出番というときには、外して洗って使います。

「使わない食器がたくさんあるけれど、どうしても処分できない」という〝もったいない派〟の人は、「開かずの食器棚」を用意して、そこに入れっぱなしにしておくのはいかがですか。出し入れしやすい場所に置くのは、よく使う食器だけと決めること。

これがシンプルキッチンへの第一歩です。

5●食器はいちばんお気に入りを毎日使う

日本の生活にはハレの日とケの日がありました。ふだん用、つまりケの日には、上等な食器を使わないのが常識とされ、高価な食器は、ハレの日用に棚の奥にしまったまま。今でも自分たちは古い食器で間に合わせているという人も、多いのではないかしら。

せっかく料理を作るのですから、こだわりの食器に盛りつけると一段と映えると思うのです。

「特別の日に」と思って取っておいても、出番は来ないかもしれません。

いい食器はそれ自身が絵になって、料理を一層おいしそうに引き立ててくれます。

スーパーで買ってきたお惣菜をいただくときにも、大好きな器に移し替えてみてください。お腹と同時に心が満たされ、豊かな食卓になります。

私の母は、ことあるごとにいっていました。「これから何回食事ができるかわからないから、おいしく、こざっぱりと食べたい」。毎回、大好きな食器で食事をする気分は格別です。

大好きな食器だけにするためには、量を減らす必要がありますね。欠けている食器や古びた食器は、思い切って処分してはいかがでしょう。

6● 鍋2つ、フライパン2つで十分です

現在、私の「おひとりさまキッチン」の鍋とフライパンは、2個ずつです。鍋は、片手鍋（900㎖）と両手鍋（1500㎖）各1個で、どちらもフタ付きです。フライパンは、直径22㎝と26㎝の2個。フッ素樹脂加工されていて、600〜700円で手に入りました。

実は1人分の食事作りには、片手鍋と、小さいほうのフライパンで十分です。片手鍋は、毎日のみそ汁や、乾麺のうどん、そばをゆでるときに使います。小さいフライパンで、オムレツや目玉焼きも作れば、魚のソテー、1人分焼きギョーザもできます。てんぷら揚げにも使います。両手鍋を使うのは、サラダチキンをまとめ作りするときや、おでんやロールキャベツ、油揚げのほたほた煮など、1人分より4人分のほうが味が決まりやすいものを作るときです。たくさんできるので、友人におすそ

わけすることもあり、冷凍保存もします。大きいフライパンは、息子一家が来たときなどの鍋物用。すき焼きやキムチチゲに活躍しています。

鍋が多過ぎると思ったら、整理してみてはいかがでしょう。ふだんの「蒸す」「ゆでる」「煮る」は、電子レンジにまかせれば、1人暮らしや2人暮らしに、さほど多くの鍋は必要ありません。土鍋やすき焼き鍋も、フライパンで代用できます。

処分する・しないの判断は、愛着のある食器に比べるとしやすいはずです。直径28~30㎝の大鍋が残っていたら、ボウル代わりに使ったり、梅シロップをまとめて作ったり、ふきんの煮洗いができて便利ですね。スペースがあれば、1つ残しておいてもいいかもしれません。

7● 火は使わず安全！ 電子レンジはすごい

ある大手家電メーカーが、「食器洗い乾燥機」「ＩＨクッキングヒーター」「生ゴミ処理機」を、キッチンの「三種の神器」と提唱したそうです。しかし私は、「電子レンジ」「圧力鍋」そして「フードプロセッサー」がシニア世代にとっての三種の神器と思います。なかでも、シニアのキッチンでいちばん活躍してくれるのは電子レンジだと思います。

１９４５年、アメリカのレイセオン社のパーシー・スペンサー技師が、電磁波が食品中の水分を動かして温めるという原理を発見、その後同社は、電子レンジという画期的な加熱器具を発売しました。日本では１９６２年、早川電機工業（現シャープ）から第１号の電子レンジが発売され、家庭用の電子レンジが量産され始めたのは１９６５年前後からです。

現在では日本はもちろん、世界中どこの国にも普及していますが、温め直しの道具と思われているのは残念です。小人数分なら電子レンジは、蒸す、ゆでる、煮るなど得意ワザです。

電子レンジがシニアにおすすめの理由は、次の通りです。

1. 再現性が高い

ワット数、食材の重さ、加熱時間を間違えなければだれが作ってもおいしくできる。

2. 油の使用量を減らせる

炒め物も食品自体の水分で調理するので焦げつきにくく、油分を控えめにできる。

3. 素材の栄養を逃さない

食品中の水分を水蒸気に変え、栄養やうま味を逃がさない。

4．時短調理ができる

調理時間が短い。マヨエビは2分、温泉卵ならわずか1分ででき上がり。

5．あと片づけがラク

耐熱ボウル1個あれば調理ができる。使う道具が少ないので、あと片づけもラクということ。

6．火を使わないので安全

うっかり消し忘れの心配もなく、安全。加熱オーバーしそうなときは、とりあえず扉を開ければ加熱はストップする。

使いやすいのは、600Wを基本としたシンプルな機能の製品です。シニアには、操作ボタンの表示文字が大きくパッと見てわかるものがよいでしょう。ターンテーブルはないほうが、材料の出し入れがしやすく、清掃もラクです。

8● 高齢者にこそおすすめの圧力鍋

今から45年前、私はある雑誌で圧力鍋のテスト記事を担当しました。それ以来、ずっと圧力鍋を愛用しています。

「圧力鍋は爆発するからコワイ！」は、その昔、安全基準が不備だった時代の話。現在のＰＳＣマーク（消費者生活用製品安全法の特定製品）のついた機種は安全装置がついています。規定以上の圧力がかかると調整弁が開き、内部の気圧を下げる仕掛けです。安全に配慮された圧力鍋こそ、シニアの方に使っていただきたいと思います。

普通の鍋で煮ると3～4時間かかるものが、圧力鍋なら15分加熱ですみます。沸騰後弱火で牛すじ肉は15分、大豆は10分、白いんげん豆は8分、鶏肉ならわずか1分。大根やれんこん、ごぼうなどは、沸騰後弱火1分で軟らかくなります。

噛むことが難しくなってくると、十分おいしさを感じることができないものです。

シニアの方に圧力鍋がおすすめの理由は、食材が軟らかく仕上がること。形は煮崩れていないのに、舌と上あごで圧すだけでつぶせるほど軟らかくなるので、素材の味を堪能できます。形が崩れていないことも味のうちです。

私自身、37歳から7年間病気をしたときには、圧力鍋に大いに助けられました。当初は原因もわからず、各地の大学病院の専門医を訪ね歩き、やっと慢性顎骨骨髄炎《がっこつこつずいえん》と判明。4年かけて歯を18本抜き、10回の手術を経て完治しました。入退院の合間も大学に勤め、テレビにも出演し、自宅で教室も……。家族の世話もあるし、手術自体が体力勝負です。けれど歯がない状態では、噛むことが難しいのです。

そこで、はたと気がついたのが、圧力鍋のこと。硬いすじ肉も豚ばら肉も、形はそのままでとろけるように軟らかくなります。肉を小さく切って口に運べば、噛まなくても味わうことができ、しかもスルリと飲み込めるのです。歯のない状態で過ごした数年の経験が、今、高齢者の食事作りに役立っています。

おすすめの圧力鍋は、フィスラー社の4・5ℓ。フタの着脱が簡単で、おひとりさまにも使いやすい容量。洗いやすい形状で、ガスでもＩＨヒーターでも使えます。

9●三種の神器の3番手はフードプロセッサー

「フードプロセッサーは、部品を洗ったりするのが面倒そう」と思うかもしれません。私もそうでした。使ってみると、こんなにラクな道具はないと思います。料理教室で使ってもらうと、あまりの簡単さに皆さんがハマります。

シニアの方は、みじん切りもすり鉢でする作業も上手ですが、長い時間立っていることが負担のようなのです。でもフードプロセッサーがあれば、みじん切りの野菜が1分でできます。

牛肉、鶏肉、ソーセージなどは、ちょこちょこ残るたびに冷凍しています。1カ月に1回、レンジで半解凍してフードプロセッサーにかけ、ひき肉にします。ハンバーグやドライカレーを作ります。シニアも大好きな、食べやすい料理です。

同様に、残り物の魚の切り身やエビ、ちくわなどもフードプロセッサーにかけて、つみれ生地を作ります。

ゆずの汁を搾ったあとに残る皮とワタをフードプロセッサーにかけ、同量の砂糖を加えて電子レンジで「ゆず茶」を作ります。

今の私には、タルトやパイ、スコーン作りに、フードプロセッサーなしは考えられません。小麦粉、砂糖、塩、バターに溶き卵を加えてひと回しで、生地ができます。

ミキサーも、シニア世代にとっては助かる道具のひとつ。スムージーやポタージュは、裏ごしの手間を思うとおっくうなものですが、毎日作ってもくたびれません。

器具を選ぶ基準は、機能や表示がシンプルで、丈夫であること。手指の力が落ちてくると、ものをつかみ損ねたり落とすこともあります。安定性がよいことも大切な条件だと思います。

サイズは、容量0・5ℓ程度のものでも十分です。私が愛用しているフードプロセッサーとミキサーは次の機種です。

1．フードプロセッサー（「Wスピード あじのさと」 山本電気）

本体がステンレス製で、ガラスに比べて薄手で軽く、洗いやすい。刃は2枚刃で、肉をひくことも、硬いごぼうやにんじんのみじん切りも瞬時にできて音も静か。付属のおろし金は大根や長いものすりおろしに使っています。

2. ミキサー（テスコム）

カレーやシチューなどのベースに、たまねぎ、にんじん、セロリ、じゃがいもを水と攪拌してジュース状にして使っています。野菜摂取の足しにもなります。いつものカレーの味が格段とよくなります。２千円台だったと思いますが、毎日使用して、５年壊れずにきました。

10・スイスイ移動のキャスターワゴンが便利

キッチンの動線を短くしたいと思い、キャスター付きのワゴンを購入しました。ワゴンを自分のほうに引くと、キャスターですするっと寄ってきて、欲しいものに手が届きます。使っていなかったときに比べると、調理時間は半分になりました。

私が使っているのは、美容室用のキャスターワゴン。美容師さんがブラシやドライヤー、スプレーなどをのせたり引っかけたりしているあのワゴンです。渋谷のロフトで見つけました。

よけいな飾りがなくてデザインがシンプルなこと、18‐8ステンレス製で、掃除がしやすいこと。縁にフックがかけられ、ものが落ちにくいことも気に入りました。2段になっていて、サイズは高さ80㎝×奥行き45㎝×幅30㎝です。

壁にぴったりついていた冷蔵庫を35㎝ほど動かして、隙間を作り、ワゴンを収納しています。

キッチンツール、箸、スプーンなどを、別々に空きビンに立て、調味料のビンと一緒にのせています。鍋つかみもS字フックでかけています。調理のときは、ワゴンをシンクとコンロの脇まで引き寄せるだけ！　キッチンツールに手が届きます。

キッチンではホコリも油汚れもつきます。週に一度手入れをします。住友3Мスコッチ・ブライトを、固形石けんにこすりつけて、ゴシゴシこすり、そのあと水拭き→乾拭きで仕上げます。そのためでしょうか、28年間使っている割にはピカピカです。

11●刃物は「見せない収納」で安全に

以前、刃物の収納に、ドイツみやげの「ナイフマグネット」を使っていました。長さ40cmで、磁石線2本が埋められているもの。壁に設置して、重宝していました。しかしシニアになってみると、むき出しの刃物は物騒にも思います。地震が来ていつ落下するかもわかりません。

今は、刃物は人目につかないところにしまっています。シンク下の引き出しの一角です。

入れているのは、洋包丁(刃渡り13cm)、ペティナイフ(刃渡り8cm)、キッチンばさみ、ピーラー、骨抜き。

包丁は1本。これで野菜も肉も切りますし、魚もおろします。

ペティナイフはスイス製で、刃はギザ刃になっています。これが調理のときだけでなく、食べるときにも活躍します。

私は「サーモンチーズトースト」が大好きで朝食に作りますが、若い頃のように思い切りかぶりつくことはしません。前歯が折れないかと心配なのです。そこでペティナイフの出番です。

角からひと口サイズに切り取って口に運べば安心です。熱々のチーズで唇をやけどすることもありません。

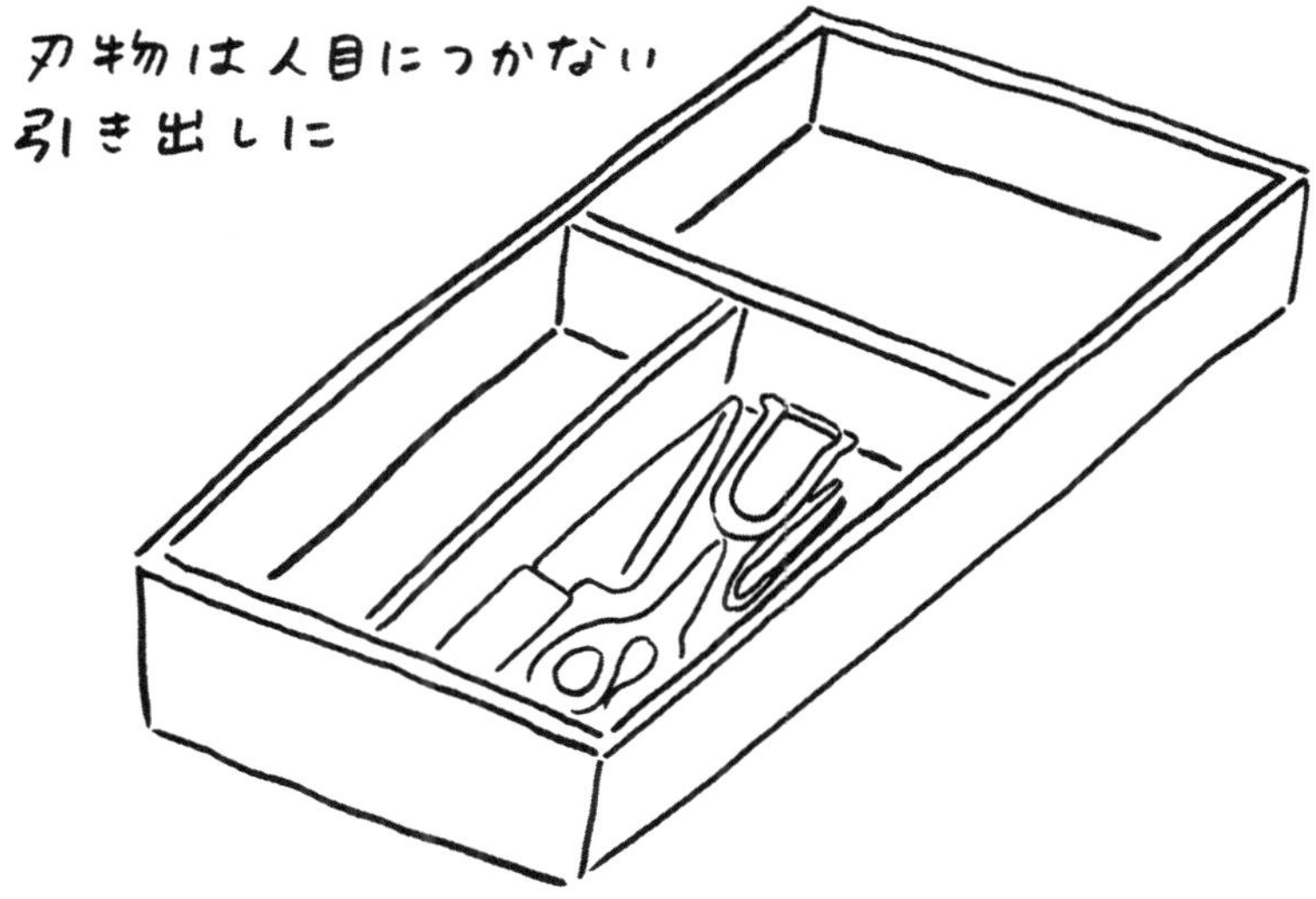

12●冷蔵庫は食品以外も収納する！

家族が減っても、冷蔵庫は小ぶりサイズに買い替えたりしなくてよいと思っています。わが家の冷蔵庫も、おひとりさまにしては大きいです。扉を開ければ一目瞭然！肉や魚、野菜、乾物のしいたけ、昆布、切り干し大根、使いかけの乾燥パスタ、そばやうどん、お茶、ワイン、ビール、水、お菓子など……。

以前は、「乾物はこの引き出しに」「缶詰はこの棚に」とあちこちに収納していました。今は1カ所にまとまっていますから、調理もスムーズにいきます。

冷蔵庫は「食料の記憶庫」と思っています。

私は食品だけでなく、調理に使う小物も冷蔵室に入れています。缶切りに、ワインオープナー、鍋敷き、米の計量カップなど。人は驚きますが、その驚く顔を見るのも楽しい！　あちこち探す必要がないとわかると納得されます。

野菜室には、フルーツや野菜を入れますが、米や玄米も入れています。乾物に見えますが、糠や胚芽の部分には脂質やたんぱく質も含まれていて、栄養分たっぷり。出しておくと穀象虫の恰好の食料になります。また、栄養分も変化していき、味が落ちます。少人数でなかなか量が減らない米は、低温ストックがおすすめです。

薬味野菜は、入れる前にひと手間かけています。ねぎ、かいわれ大根、青じそ、みょうがが、しょうがなどは、すべて刻んで、冷水に放してアク抜きしてから、水気を切って密閉容器に入れて野菜室へ。みそ汁や納豆、卵かけご飯に混ぜたり、カレーにのせたり。薬味があると香りはよいし、シャキシャキの歯ごたえもあって、おいしさが倍増します。といっても1週間くらいで使い切ること！　余りそうだったらチャーハンを作って片づけています。

冷凍庫には、炊いたご飯やパン、ゆでて余ったパスタを、1食分ずつストック。冷蔵室の5～10℃では、でんぷん質の劣化速度が速いのです。冷凍庫がおすすめです。

チルド室は、生ものの刺身や生ハムを入れるために設計されています。1人暮らしでは、刺身を何人分もストックするなんてありません。私は作りおきのおかずや漬け物、梅干しなどの常備食ストッカーとして活用しています。

13・冷蔵庫の中身チェックで脳の活性化

「冷蔵庫の扉が、寿司屋さんのガラスのショーケースみたいだったらいいのに」と、思ったこともありました。いちいち開け閉めせずに中身がわかれば、便利でいいと考えたのです。でも、メーカーの方に聞くと、ガラス扉の保冷効果は低いそうです。寿司屋さんは閉店後は、ケースの刺身を冷蔵庫に戻すのですって！

となると、外から見えない冷蔵庫だからこそ、中身の「見える化」が必要です。

じゃがいもやなす、にんじん、大根など硬い野菜は、冷蔵庫に入れる前に電子レンジで火を通していますが、その際、中が透けて見えるフタ付き保存容器を使っています。

容器は、耐熱温度120℃、耐冷温度マイナス20℃のものを選ぶと、電子レンジで加熱ができます。容器のサイズを揃えておくと、冷蔵庫にしまうときもストックするときも、重ねることができてスペースに無駄ができません。

食べ残しのおかずを、皿のままラップして収納するとスペースを取る上に、安定がよくありません。奥に置いているものが見えにくくなります。

また、1週間に一度は、冷蔵庫の中のものを全部取り出して、庫内を水拭きして乾拭きするといいでしょう。ドアポケットも外して、洗います。気づかないうちに保存容器から汁が垂れていたり、想像以上に汚れています。汚れているところは、濡らしたキッチンブラシ（46ページ参照）に水をつけて、ゴシゴシこすってペーパーで拭き取ります。

そして、バター、牛乳、卵、ヨーグルト、ワイン、水、お茶の葉の缶、梅干しなど、日持ちのする食品を戻します。生ものの野菜や肉、少量残った漬け物などは冷蔵庫に戻さず、フードプロセッサーでみじん切りにして、ドライカレーやピリ辛そぼろを作ります。保存容器に詰め、調理台で冷ましていると、本を返しに来た友だちが、「あら、いい匂い！　今晩のおかずに欲しい！」。残り物でも料理になっていると、もらい手があるというお話です。

冷蔵庫の清掃が終わったら、1週間分の買い出しに出かけます。

14● 冷凍庫は「とりあえず」の場所

食材を粗末にしたくないので、すぐ食べるかどうか判断がつかないものは、冷凍庫に入れます。といっても、冷凍庫に入れておけば永遠にもつわけではありません。1カ月が限界です。

昔の冷凍庫は、「直冷式」といって直接庫内を冷やす仕組みでした。使っているうちに食材から出た水分が霜になり、どんどん大きな塊になるので、定期的に霜取りをしていました。今、皆さんは霜取りなんてしていないでしょう?

今の冷凍庫は、「ファン式」といって間接的に冷やす仕組み。霜がつきそうになったら、いったん庫内の温度を上げて、またマイナス20℃に戻る仕組みなのです。

2~3日氷を取り出さなかった製氷室を、のぞいてみてください。氷の表面が溶けて固まり、氷同士がくっついています。アイスクリームも、長く入れていると味が変わります。冷凍庫は、あくまでも一時的なストッカーです。今は近所のコンビニやスーパーを、わが家の冷凍冷蔵庫と考えることにしています。

私が冷凍庫に入れるものを紹介します。

・パン　・ご飯……（1食分ずつ保存容器に入れる）
・うどん　・ゆでて残ったパスタ
・しいたけの含め煮（冷やし中華やちらし寿司に欲しいが、少量作りは難しいので）
・残ったもの（肉類、ソーセージ、青魚、白身魚、エビ、イカのゲソ、かまぼこなど）
・卵白（保存容器に足していき、いっぱいになれば解凍して卵白だけで卵豆腐を作っても）
・納豆　・チーズ　・到来物の和菓子　・ゆで野菜

※食材の種類に関係なく、半解凍して料理するときは、100gにつき電子レンジ弱（150〜200W）で2分加熱。そのまま食べるときは、100gにつき電子レンジ600Wで2分加熱を目安にしてください。

15● 水切りカゴはいりません

おひとりさまの食事では、使う器具や食器の数もたかが知れています。誰も見ていませんが、汚れ物はためないように、そのつど片づけています。

一人暮らしになって、水切りカゴを処分しました。1回の食事で使うのは、鍋、ざる、食材ストック用の保存容器1~2個、飯碗・汁椀、1~2枚の食器、湯飲みくらいです。調理台にまな板を置き、上にタオルを敷いて水受けに。洗った食器を伏せていきます。水切りカゴは必要ありません。大きな水切りカゴがなくなれば、キッチンを広く使うことができます。

使った鍋は横倒しにして、クレンザーと5cm×10cmにカットしたスコッチ・ブライトでキュッキュッとこすり磨き。これで内側の薄い膜を張ったようなくもりも取れます。側面、底面も洗います。コーヒーや紅茶を飲んだあとのカップには水を張り、漂白剤を1滴垂らして10分ほど置いてから洗います。茶渋が取れて、真っ白になります。食器を拭いて棚に片づけ終わったら、タオルは洗濯機へポン。1日1回、ほかのタオルなどとまとめて洗います。使わなくなった水切りカゴは、冷蔵庫の上に置き、洗った保存容器の乾燥に使っています。天井近くは温かい空気が流れているし、冷蔵庫の外壁は放熱板になっていて温かいので、ふきんを使わなくても、フタの溝にたまった水分も乾きます。

調理で出た生ゴミや、排水口のゴミ受けに残ったご飯粒などは、新聞紙に包み、小さなゴミ箱に敷いたポリ袋へ。キッチンにゴミを置いたままにしたくないので、朝の掃除を終えたら1階の倉庫のゴミ袋にポリ袋を移します。

16●まな板はラップと漂白剤で美白パック

食器洗いがすんだら、ついでにシンクとコンロ周りも掃除します。時間をおくと、汚れは取れにくくなってしまうからです。シンクは、スポンジ&クレンザーで磨き、水を流し、食器を拭いたタオルでついでに拭きます。

食事のつど洗うので、汚れはたまりません。結局は自分がラクに暮らすためにやっていることです。

わが家のコンロはIHヒーターなので、トップは耐熱のアクリル樹脂製です。まだ熱が残っているうちに、漂白剤を2、3滴かけてキッチンペーパー1枚をのせ、キッチンブラシに水をつけてトントンと叩き、全体に水分を染み渡らせます。ペーパーが乾いたら外して拭き取り、その後、水拭きします。キッチンブラシは、継ぎ目の間に入った汚れをかき出すのにも便利です。柄とブラシの間に角度がついていてしっかり力が入るので、歯ブラシより使いやすいのです。

まな板は、水で濡らして、漂白剤をくるっと円形にたらし、キッチンブラシで全体に広げながらこすり、ラップをして放置。その後、台所仕事をするときに、水洗いします。

週に一度は、排水口の中ブタ、網カゴ、上ブタを漂白します。樹脂製のゴミ箱に漂白剤の薄め液を作って、入れ子に沈めていきます。朝食後にやって、夕食の支度をするときまで放置しておけば、着色もぬるぬるも落ちます。水洗いして、排水口に戻します。ゴミ箱も拭いて、もとのゴミ箱に戻ります。

17●固形石けんがいちばん

キッチンに、固形石けんを置いています。

手を洗うだけでなく、テーブルの上の汚れを落とすのも、シンクの中を磨くときも使います。固形石けんを使うようになってから、主婦しっしんに悩むことがなくなりました。

キッチンを掃除するときは、固く絞ったハンドタオルで、全体のホコリや汚れを拭いていきます。汚れが取れないところは、固形石けんの出番。

2つに折ったタオルに、人差し指を差し込んで巻きつけ、石けんにこすりつけます。これで、汚れているところをキュッキュッとこするのです。テーブルに残ったボールペンのあとも、この「石けん掃除」で取れます。冷蔵庫の上など油とホコリがべったりついたところは、水で絞って4つ折りタオルに石けんをつけて拭きます。

最後は、石けんのついていないタオルで、水拭きしておしまい。

シンクなど広い場所は、水で絞ったスポンジに石けんをこすりつけてから掃除します。

キッチン以外の掃除でも、床や家具などスポット的汚れを「こすり取る」ときには、石けんが活躍します。

以前料理を教えていた、アメリカ人のサリーはいっていました。

「洗剤百花繚乱の私の国でも、結局、掃除は力でする仕事！」

18・ビンは安心・安全・かわいいの使い回し女王

ツヤツヤで、中が透けて見えるガラスビンが、大好きです。

ガラスは塩、糖分、油、酸にも強く、食品の保存容器として安心安全な素材です。自家製のジャムや甘酒などのおすそわけは、ビンに入れてあげるのが安全で安心。佃煮、煮豆、レモン酢、にんたまジャム®（153ページ参照）、果実酒の保存ビンにも使っています。空きビンはわが家では貴重品です。

再生利用して使うのは、市販のザーサイ、ジャム、佃煮、ピクルスなどのビン。空になったら、ビンをひと晩水に浸してからラベルをはがし、洗剤で洗ってゆすいでから乾燥します。完全に乾いたらフタをして棚に置き、出番を待ちます。

輸入のワインビネガーの細口ビンの形も大好きです。ビネガーの量が3分の1になったら、オリーブオイル、塩、こしょうを足してフタを閉めれば、ドレッシングボトルに変身。上下に振って使います。

口が細くて手が入らない空きビンを洗う方法は、子どもの頃お手伝いさんに教えてもらいました。卵の殻1個分を手でグシャッとつぶしてビンの中に入れ、洗剤を2~3滴垂らし、湯をビンの3分の1ほど注ぎ、フタをして上下に振ります。卵の殻に残っている卵白が油汚れを吸着してくれます。殻を出して湯を注いですすげば、ピッカピカのガラスビンに戻ります。

洗ったビンを乾かすには、逆さに干すのがいちばん。口の細いビンでも中まで完全に乾きます。小さめのビンなら、大きなビンに立てている菜箸に逆さにかけて乾かします。

容量450㎖以上の大きめのビンは、自家製「ビン干し器」を使って乾かしています。

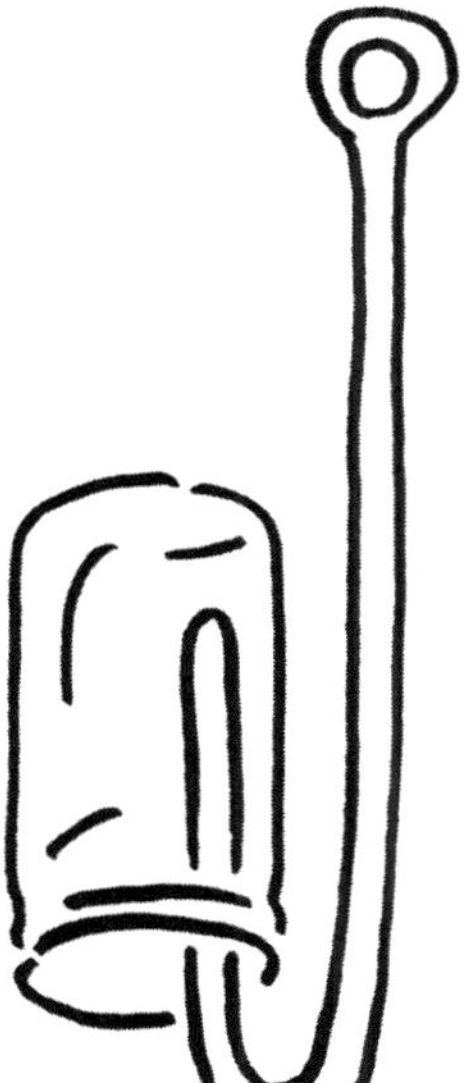

太い針金を
活用したビン干し器

ムラカミ式ビン干し器の作り方

ビニールコーティングした直径3㎜の太い針金（10番線）を、ホームセンターで70㎝に切ってもらいます。ペンチで先を5㎝折り曲げ、フックにかける部分を作り、反対側は20㎝長さにU字形に曲げます。

ブリキも大好きです

お気に入りは、グリコ80周年スペシャル、ビスコのゴールド色の缶。プレゼントでいただきました。中身を食べたあと、お祝いや不祝儀のとき用の現金入れに。1万円、5千円、千円などの新札が入っています。モーニングティーに愛用している、リプトン・イエローラベルティーの黄色の缶。フロックコートの英国紳士が子豚と散歩のイラストつきです。中身がなくなるとティーバッグを購入し、詰め替えています。

名刺入れもブリキです。オレンジ色で花のイラストつき。ヨーロッパのおみやげで、フタを開けるとPYLONESの社名。十数年使っていますが、塗料がはげることもなし。初対面の方と名刺を交換するたびにほめられ、話が弾むきっかけになります。

大好きなブリキ

タロまり入れ
ビスコ
ビスコの
ゴールド色の缶
YELLOW LABEL
TEA
LIPTON'S
LEADIM
ARTCLE
リプトンの黄色い缶

19●温度計や果物の芯抜き器とはさようなら

先日街を歩いていたら、今流行りのロングカーディガンを羽織っている方とすれ違いました。自分が着ている普通丈のカーディガンが、野暮ったく思えます。

しかし、ファッションと違って、調理器具の世界に流行はありません。自分が使い慣れているものを、厳選して使い続けるのがベストです。

シニア世代が料理したくなる「シンプルキッチン」を実現するための第一歩。それは、調理器具や食器を日常的に使うものだけに絞り込むことです。

家族が減ったり、年齢を重ねることで、使うものは自ずから限られてきます。「気がつけば同じものばかり使っている」ということはありませんか?

使わないものは思い切って処分します。私の場合、にんにくの絞り器、食品の温度計、みそ汁の塩分計、さくらんぼの芯抜き器……などは、一時期恋焦がれて購入した道具ですが、今は使っていません。全部処分しました。壁面のフックに下げていたアクすくいも、1人分ならレードルですくえばすむのだと気づき、処分しました。

ものを増やさないようにする工夫も必要です。便利そうな道具を見つけるたびに「これ、よさそう！」と購入したくなりますが、「ちょっと待って！」と考えることにしています。

先日、100円ショップに「じょうご」を買いに行きました。ドレッシングや粉物などを、口が狭いビンやペットボトルに移し替えるときに必要になったからです。残念ながら大中小3個セットのものしかありません。1セットを購入し、大のサイズ（直径10㎝）1個を残してあとは処分。ものを粗末にするようで気が引けますが、使わないものをキッチンに置いていては、シンプルキッチンは実現できません。

私のシンプルキッチンにある調理道具

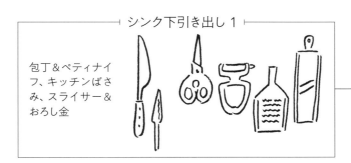

シンク下引き出し 1

包丁＆ペティナイフ、キッチンばさみ、スライサー＆おろし金

シンク下引き出し 2

ふきんと台ぶきん（白色ハンドタオル）10枚

キャスターワゴンの上段

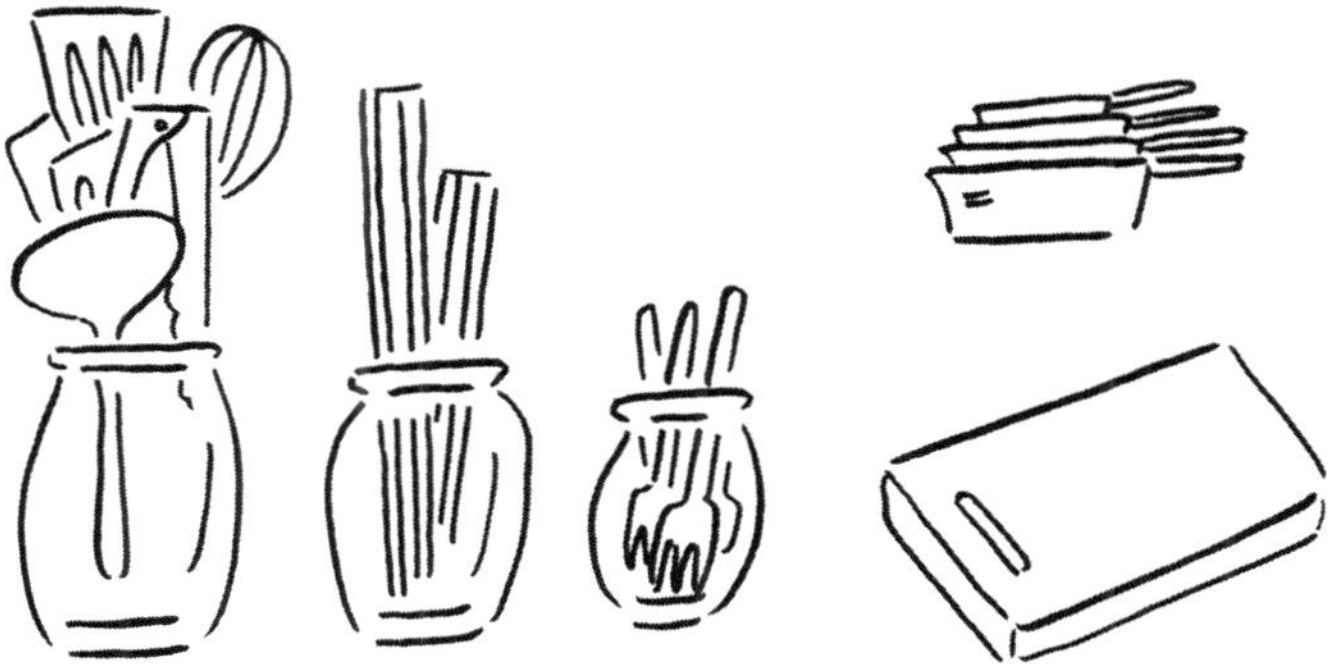

入れ子のメジャーカップ合計4個（1/4、1/3、1/2、1カップ）、まな板（小）。直径9cm×高さ13cmのビンに、ゴムべら（小）、ターナー、木べら、しゃもじ、泡立て器、トング。直径9cm×高さ11cmのビンに、箸＆菜箸。直径9cm×高さ9.5cmのビンに、フォーク（大小）＆スプーン（大小）。

キャスターワゴンにS字フック

鍋つかみ

20●ガラスのメジャーカップはオイルポットにも

1人分の揚げ物なら、油は1カップあれば十分です。直径22cmのフライパンに入れれば、深さ1cmとなり、フライもカツもかき揚げもできます。

ところで、使用済み油の保管はどうしていますか？

私は、耐熱ガラスの500mℓメジャーカップを、オイルポットとして使っています。揚げ物が終わったら、茶こしでカスをこしながら熱い油を移し、100円ショップで購入したシリコンラバーのフタをかぶせます。オイルポットは、直径15・5cmのガラスの耐熱皿に、キッチンペーパーをたたんで敷き、その上に置いてキャスターワゴンの下段で保管します。野菜をソテーをするとき、このポットの油を使います。容器が透明なので、量がわかりますし、色が濃くなってきたら、「そろそろ、最後に竜田揚げでも作って処分しようか」などと考える目安になります。

シンプルキッチンは、自分が使いやすいキッチンにするための考え方。常識にしばられないことも大切です。油を保存するのが専用の容器でなくてもよいのです。

メジャーカップはほかに、５００㎖容量を2個持っています。お茶を入れたり、だし汁を取ったりに使います。私は、油をこすときに使う茶こしを、洗剤と熱い湯で油を洗い流して乾かし、お茶を入れるときにも使います。メジャーカップにお茶の葉と水を入れてレンジでチン。この茶こしでもうひとつのカップにこし入れます。

シンプルキッチンで活躍しているもうひとつの耐熱容器は、１・５ℓの耐熱ガラスボウルです。蒸す、ゆでる、煮るなどの電子レンジ調理の必需品。ピラフや鶏飯などの炊き込みご飯を作ったり、ジャムやコンポート作りにも便利です。

21● 空きビンに花を飾るぜいたく

キッチンに一輪でも花があると、心が和みます。大げさな花でなくていいので、飾ってみませんか。小ぶりな花瓶がなければ、ジャムの空きビンでもよいのです。

私は、窓辺にずらりと一輪挿しを並べるのも好きです。かすみ草を1本ずつ茎ごとに切り離し、4〜5本ずつブーケのように口の細い花瓶に生けることもあります。客人を迎えるときは、大鉢いっぱいに、チューリップを生けることも。花屋さんで、あじさい、カラー、蘭などの花を見つくろってカラフルに生けることもあります。

大きな花瓶は、息子の家にもらわれていったので、たくさんの花を生けるときはボウルに水を張って、剣山を入れて生けます。盛りだくさんの花を入れて床置きにすれば、ボウルは隠れ、お客さまにはわかりません。

花を生けると、毎日水を替えるのが面倒ですね。

そこで活躍するのが、歯周病予防の薬用マウスウォッシュ。ミント（ハッカ油）とアルコールが入っています。水1ℓに2〜3滴垂らすだけで、花が枯れるまで1週間くらいは、水を替えなくても腐りません。

ただし生花は毎日水を吸い上げて蒸散するので、1日1回、口の細い水差しで水を補給します。

誰かから花が届いたら、生けたところをケータイで撮って、メールで送ってお礼をいうのも忘れずに！

22● 全部捨てなくてもいいんです

シニア世代にとって、大がかりな「家の片づけ」は、実際にやるとなると難しいものです。

体力がいりますし、長いこと生きてきた分、思い入れのあるものがたくさんあります。人にいわれたからといって、無理にやらなければならないものでもありません。

また、椅子に乗って上のものを片づけようとして転んだり、滑ったりしたらケガのもと。私も、冷蔵庫の上の掃除などをするときは「今から高いところに上がるぞ！」と頭脳にいい聞かせてから椅子に乗っています。

家の片づけができていなくても、自分がいなくなったら、残った人が必ず片づけてくれます。私も、祖母や母の残したものを片づけました。あまり心配しないことです。

とはいえ、使わないものが使うものと一緒に置いてあると実生活の邪魔になります。

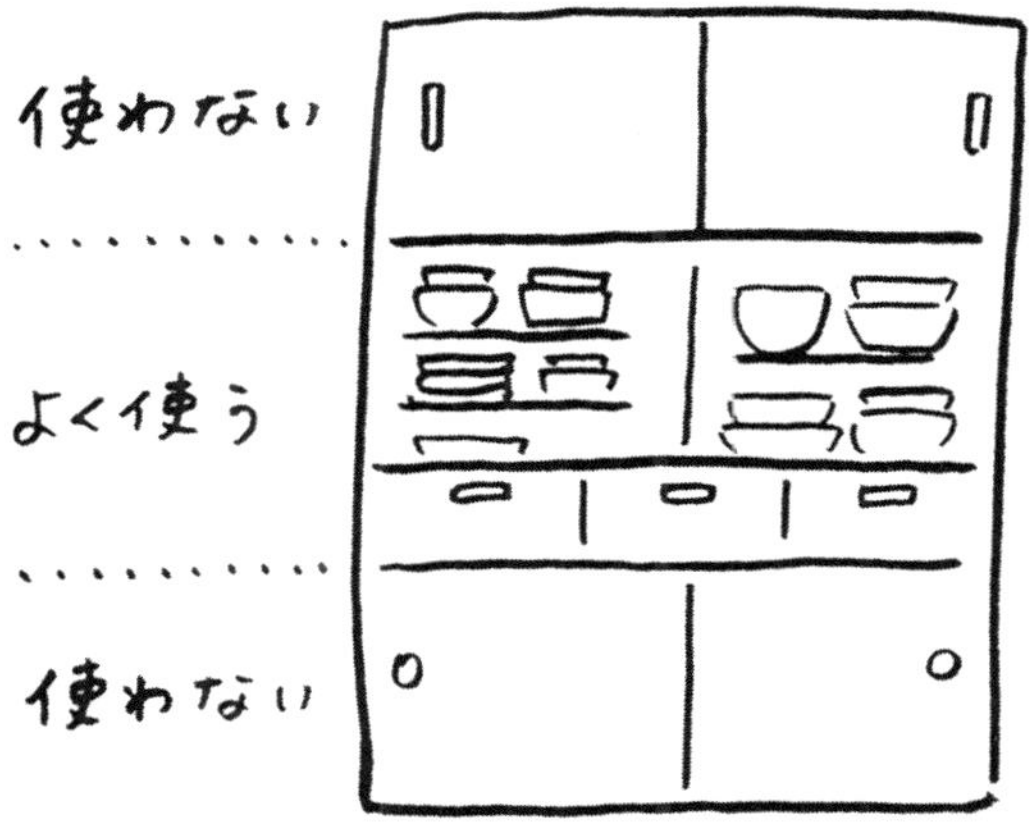

そんな人におすすめなのが、「開かずの食器棚」の活用です。

食器棚が2つあるお宅は、1つの食器棚を、「使わないけれど捨てられない食器」を入れておく場所と決め、まとめておくのです。

食器棚が1つしかない場合は、使わない食器を手の届きづらい上段や、いちいちかがまないと取り出せない下段に移し替え、使いやすい棚の中央に、毎日使う食器を入れます。

扉が外せるなら、毎日使う食器のところは、扉を外してしまってもいいと思います。毎日使うものが1カ所にまとまっていると、キッチンは断然に使いやすくなります。

しまっておいた食器も、1年以上出番がなかったら、処分する決心がつくかもしれません。

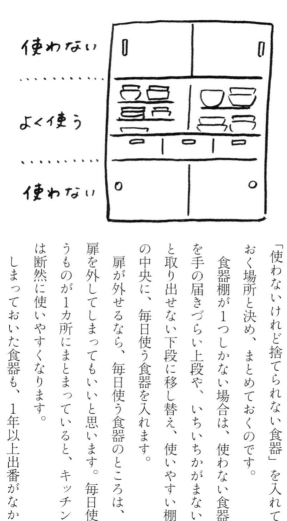

23●キッチンマットをなくしてつまずき防止

年を取ると、足の上げ下げの感覚が鈍り、つまずきやすくなります。内閣府の調査では、65歳以上の人は、自宅で10人に1人が転倒しているそうです。

料理教室の生徒さん（50代）は、デパートの階段でつまずき、足を骨折してしまいました。私も気をつけなければとあらためて肝に銘じました。

私は、2階のスタジオと3階の自宅の間の13段の階段を、1日に何回も上り下りしますが、最後の1段のところでよくつまずきそうになります。

毎日、トランポリンを跳んでいても、やはり足は鈍っているのですね。

キッチンのつまずき防止のために、シンク前にマットを敷くのをやめました。段差につっかかることがありますし、マットごとツルッと滑るのも危なく感じます。マットがなければ、汚れたときすぐ床の拭き掃除ができます。

スリッパも同様に、つまずきの原因になります。講演会や出張授業で小学校や中学校に行くとスリッパを出されるのですが、これが脱げやすく、転びそうで怖いのです。階段を上らなければならないときは、スリッパは手に持って上がり、上に着いたら履くという有様です。

キッチンでは、夏は裸足、秋冬は靴下を履いています。

24● 新聞は読んだあとから、10倍役に立つ

最近は新聞を取らない人も多いそうですね。新聞に連載を持っていることもありますが、私にとって新聞はいちばんの愛読書です。外出するときは必ず持って出て、バス停や電車の中で、隅から隅まで読みます。そして、キッチンにもなくてはならない相棒です。

古い話ですが、子どもの頃は、お弁当箱を包むのも新聞でした。

結婚後、転居のたびに食器を包むのも新聞。今でも、冷凍したおかずを息子の家に持っていくときは、保冷材と一緒にきっちり包んで保冷バッグに入れています。

新聞はキッチンでも大活躍。揚げ物のときに新聞紙にキッチンペーパーをのせ油切りバット代わり、魚をさばくときには、まな板に敷いてその上でおろし、ウロコやアラは新聞紙に包んで捨てます。

ＩＨヒーターなので、フライやムニエルを作るとき、フライパンに新聞紙をかぶせます。飛び散る油を吸ってくれるのでコンロ周りが汚れません。新聞紙を裏に返してみると、跳ねた油をびっしり吸い取っています。

水気のあるゴミをまとめるときは、シンクに新聞紙を広げ、排水口のゴミ受けをトントンと打ちつけて、たまった生ゴミを移します。四方からピッタリと折ってポリ袋に入れ、クルクル巻いてゴミ袋に入れます。

キッチン以外でも、資料に穴をあけたときにパンチにたまる細かい紙や、シュレッダーの断裁クズも、新聞に包んでからゴミ箱へ。

線香立ての灰をこして出たお線香の燃え残りも、花を生けるときや処分するときも、新聞紙に包めば尖った茎の切り口でゴミ袋を突き破ることもありません。庭の落ち葉を包むときは、新聞紙を2枚ずらして重ね、大きくして包みます。

こんなふうにいろいろな用途で使っているので、わが家では新聞紙を古紙回収に出すことはめったにありません。

25●使える！ 100円ショップの白いタオル

100円ショップの白いタオルを、あちこちで使っています。

キッチンのふきんや台ふきんとして、ハンドタオル（30cm×32cm）を15枚。キッチン、洗面所、トイレの手ふきや風呂上がり用にフェイスタオル（74cm×32cm）10枚を使い、お風呂から出たところの足拭きマット代わりにも使います。

洗った食器やボウルは、シンク下の引き出しから出した乾いたタオルで拭き、水分を含んだふきんは取り替えます。日本は湿気が多く、冬は暖房がきいているので、菌の繁殖には絶好の環境です。使い終わったふきんは、洗濯機へ直行。わが家のキッチンには、ふきん掛けがありません。

食卓も100円のハンドタオルで拭きます。油汚れを拭いたふきんは石けんをつけてシンクでゴシゴシもみ洗いします。タオルの織り目に汚れが入って取れないときは、キッチンブラシでかき出します。石けんつきのまま、キュッと絞って洗濯機にポン。

キッチンやトイレ、洗面所のタオルも、必ず毎日交換。洗濯機に入れる前に、洗面台、鏡、シンクの水滴を拭くのに使います。これで、シンクや洗面台が水垢でくもることもありません。1カ月に一度は、タオルを漂白液に浸けます。漂白と同時に除菌できます。洗濯機で洗って、浴室の乾燥機で乾かします。ふきんも着ているものも、使ったら毎日洗濯し、干して翌朝たたんで所定の場所にしまう、の繰り返し。毎日コツコツ続けると、イヤな臭いもつきません。

料理で、塩もみしてしんなりさせたきゅうりを絞ったり、だしをこしたりするときは、ふきんではなく、破れにくいキッチンペーパーを使っています。

私が使っているのは、「クックアップクッキングペーパー」(ユニ・チャーム)。水の中でもみ洗いしても破れません。だしをこすときも完璧に絞れます。水切りヨーグルトを作るときは、ボウルに柄付きざるを渡し、クッキングペーパーを敷いて使っています。洗って乾燥すれば、破れるまで使えると表示にありますが、私は食品の色や匂いがつくのが気になり、1回ずつ使い捨てしています。

第2章

簡単・おいしい料理のコツ

26・電子レンジのオーブン機能は使わない

25年間使った電子レンジがついに故障。メーカーに部品のストックがないので、買い替えることになりました。欲しかったのは、温めるだけの単機能の電子レンジです。家電ショップであれこれ探しましたが、単機能の電子レンジはいずれもサイズが大き過ぎて、元の場所には入りません。結局、スペースに収まるサイズのものを選び、オーブンレンジとなりました。

といっても、私はこのオーブンレンジのオーブン機能は使っていません。温める、煮る、ゆでる、蒸すなどはオーブンレンジで、ピザやパン、焼き魚、グラタンなど、焼いたり焦げ目をつけたいときはオーブントースターを使っています。

というのは、以前、オーブンレンジでパンやピザを焼いたり、グラタン作りをしていたら、電磁波を発するコンデンサー（モーター）のききが悪くなり、修理することになりました。コンデンサーは高温に弱いそうです。また、電子レンジでオーブン機能を使うと、蒸発した肉汁や調味料の油脂がレンジ庫内に付着し、焼きつきます。電磁波が塩分などに吸着され、肝心の食品を温める機能が落ちてしまうそうです。オーブン機能を使ったあとは、冷めるまで待たないと電子レンジ機能が使えないのも困ります。

電子レンジとオーブントースターの両方を持ち、蒸す・煮ると焼くを使い分けることで、調理のスピードも上がりますし、光熱費の節約にもなります。いずれも、価格の高いものでなくてよいのです。

もしオーブンレンジでオーブン機能を使い続けるのだったら、使うたびに庫内を掃除すると覚悟を決めることです。

オーブントースターのよいところは、ドアを開けたままでも加熱ができること。私は焼きのりをあぶるときにも、オーブントースターを使います。おにぎり1個分に半切りのり1枚を使いますが、ドアを開けたまま30秒ほど焼きます。鮮やかな緑色がかった黒色になり、磯の香りが立ち、2倍おいしくなります。お試しください。半切りのりは全形に比べ、価格もぐんとお得です。

27・健康になりたいなら目分量ではなく計量

楽しく作り、おいしく食べて「食べ力®」をつける。そして、元気に1日を過ごす。そのためには、「食べ過ぎ」も「食べ不足」もないほうがよいのです。目分量や勘に頼らず、食材の重量を量って食べています。

おいしく、健康に食べるためには、一に計量、二に計量です。

私は、ご飯をまとめ炊きして冷凍していますが、このときにも計量は欠かせません。レンチン可能なフタ付きの保存容器に150gずつご飯を詰め、フタをして湯気ごと閉じ込め、冷めたら冷凍庫へ。これ1個で、脳の栄養のもとになる糖質50gがキープでき、約8時間、脳を働かせることができます。

シニアの方は、食べ過ぎより食べ不足を心配したほうがよいように思います。はかりを活用してチェックしてください。

計量が習慣になると、食べ足りない食品がわかり、意識的に増やせます。また、食べ過ぎていたものを控えるようになります。

シニア世代は、1回の食事でたんぱく質食品は100g摂るとよいのです。冷蔵庫にあった豚薄切り肉とピーマンで炒め物を作るとします。豚肉を量ってみると、50gです。ピーマン2個と一緒に炒めます。あと50g分は冷蔵庫から卵1個を取り出して、かき玉汁を作って添えます。

デジタル式のはかりは便利です。風袋(皿など)をのせてスイッチオンすると、0「ゼロ」と表示されます。食材をのせると、ただちに重量がわかります。数字が見やすいし、厚みもないので収納場所をとりません。

今、アナログ式のはかりを使っている方は、自分へのごほうびに買い替えてはいかがですか。

おすすめは、最大計量2kg、最小表示1gのもの。ボウルや皿ごとのせることも多いので、1kgまでだと足りないことがあります。小数点以下が量れるものもありますが、そこまでは必要ありません。

28●キッチンタイマーで心配から解放される

ムラカミが料理研究家としてデビューした頃の話です。

料理本で、粉吹きいもの作り方を見ると、こんなふうでした。

「じゃがいもの皮をむき、切って鍋に入れ、水を注いで火にかけます。煮立ったら弱火にし、竹串を刺してスッと通るようになるまでゆでます……」

これでは、竹串を持って何度も鍋のところに行かなければなりません。ゆで時間の目安が書いてなかったのです。

今は新聞でも雑誌でも、目安の加熱時間を書きます。ゼリーを冷やし固めるときも、「冷蔵庫に1時間入れ……」など明記します。

時間の目安があると、失敗が少なくなります。ずっとコンロの前に立っていなくてもいいので、時間を有効に使えます。

勘に頼らず、キッチンタイマーを活用なさってください。忘却力がつくシニア世代には、タイマーが必需品です。キッチンを離れたとたんに、鍋を火にかけていることを忘れてしまった、という経験はありませんか？　耳も遠くなるので、煮汁が少なくなった鍋の音にも、気づきにくくなります。

タイマーをセットすれば、鳴るまでの間は自由時間。友人に電話をかけることも、新聞の連載小説を読むこともできます。

タイマーは、文字が大きくて見やすい、デジタル式のものがおすすめです。秒の表示まではいらないと思います。煮炊きは、秒数までキチキチにしばられるものではありませんから。1分を切れば、あとは59、58、57……と秒読みに入ってくれるので、おおよその見当がつきます。

私は料理以外にもタイマーを活用します。たとえば歯医者さんを予約している日だったら、あと50分後に自宅を出る、とタイマーをセットしています。うっかり忘れて「先生、ごめんなさい」と、電話で謝ったりしなくてすみます。

29●IHヒーターのタイマーがくれる至福の時間

自宅用のキッチンは、タイマーなしのひと口のIHヒーターです。スタジオのふた口のIHヒーターにはタイマーがついています（ついていない機種もあり）。でも周りを眺めてみると、IHのタイマーを活用している人はめったにいないのです。息子のお嫁さんも、うちのスタッフも、「ついているのは知っているけれど、使っていない」とのことです。

電子レンジは、タイマーをセットしないことにはスタートできません。国産のオーブンも、タイマーをセットすると加熱が始まります。でもIHヒーターは、タイマーをセットしなくても加熱ができます。だから、使わない人が多いのです。せっかくついているタイマーを使わないのは「もったいない！」と思います。

火にかけたら最後、途中でフタを開けてみることのできない圧力鍋を使うときや、豆をゆでるときなど、ＩＨヒーターのタイマーをセットします。ゆで卵やパスタは、好みの硬さに合わせてタイマーをセットすればＯＫ。

スタッフが帰ったあと、私はキッチンスタジオで仕込みの仕事をします。ＢＧＭを流し、ＴＶで大相撲の中継も見ながら、気楽に楽しみながらやっています。〝ピーピーピー〟の音で我に返ります。タイマーが切れると同時に勝手に火も止まり、鍋を焦がすこともなく、安心です。

タイマーが切れると
火も止まり安全

30●ご飯をチンするときの必殺技って？

今でこそ「電子レンジクッキングなら祥子さん」といわれるようになりましたが、47年前に電子レンジを使い始めた頃は、電子レンジの〝クセ〟をつかむことができず、失敗ばかりでした。

パンを加熱し過ぎてカチカチにしてしまったり、アップルパイを温めて食べたら内部が超熱くなっていて、口の中をやけどしそうになったり、目玉焼きを作るつもりが爆発させてしまったり。

電子レンジの〝試作品〟を食べてもらっていた夫から、「まずい！　電子レンジなんか捨ててしまえ」といわれたこともあります。

その言葉に奮起して、意地でも使いこなしてみせるわと、かえってファイトが湧いてきたことを覚えています。

それから試行錯誤を繰り返して、だんだんとコツがわかってきました。

・何回かに分けて加熱すると、加熱ムラが防げる
・アルミ箔を使えば電磁波をカバーできるので、プリンも茶碗蒸しも作れる
・ご飯やパンは霧吹きで水をかけてからチンすると、ふっくら仕上がる
・調味料をからめてから加熱すると、肉同士がくっつかないので筑前煮もラクラク
・耐熱皿の下にコーヒーカップのソーサーなどを敷いて浮かせれば、上からも下からもまんべんなく電磁波があたる

電子レンジはタイマーでスイッチが切れるので、火事の心配がなく、シニア世代には安心な道具です。コツをつかめば、毎日の料理の強い味方になってくれます。

31・余り物のみそ汁セットはチンするだけ

明治の初め、ドイツからやってきたベルツというお医者さんは、「日本人は肉を食べないのに、なぜこんなに体力があるのか」と驚いたそうです。その頃は、車の代わりに人力車でした。ベルツさんが人力車に乗って東京から日光まで行ったとき、車夫の朝食は、麦飯にみそ汁、昼食はみそをつけた焼きおにぎりだったといいます。

現代の栄養学からみても、米は脳や体の組織が使うエネルギーを生み出す炭水化物のグループ。人間の体を作るためには20種類のアミノ酸が必要ですが、そのうち体で合成できないものを「必須アミノ酸」と呼んでいます。必須アミノ酸のうち、米に欠けているリジンとスレオニンが、みその中に入っています。そんなわけで、昔の人はごはんとみそ汁だけでも、丈夫な体を作ることができたのです。

私は毎朝みそ汁をいただきます。主食がパンのときもです。でも、朝からあれこれ準備はしません。冷凍庫からファスナー袋のみそ汁セット（次ページ参照）を取り出し、中身を耐熱容器に移し、水１００㎖と液みそ大さじ1を加え、ラップをして電子レンジ６００Ｗで5分加熱して完成。液みそを使わないときは、みそ小さじ2、頭と腹ワタを取った煮干し4尾を加えています。

みそ汁は煮えばなが華！　できたてをいただきます。

みそ汁セットは、料理のたびに少しずつ余った肉や魚と野菜を組み合わせて作っています。ジャスト50g、１００gにならなくてもよいとゆるめに考えて作っています。

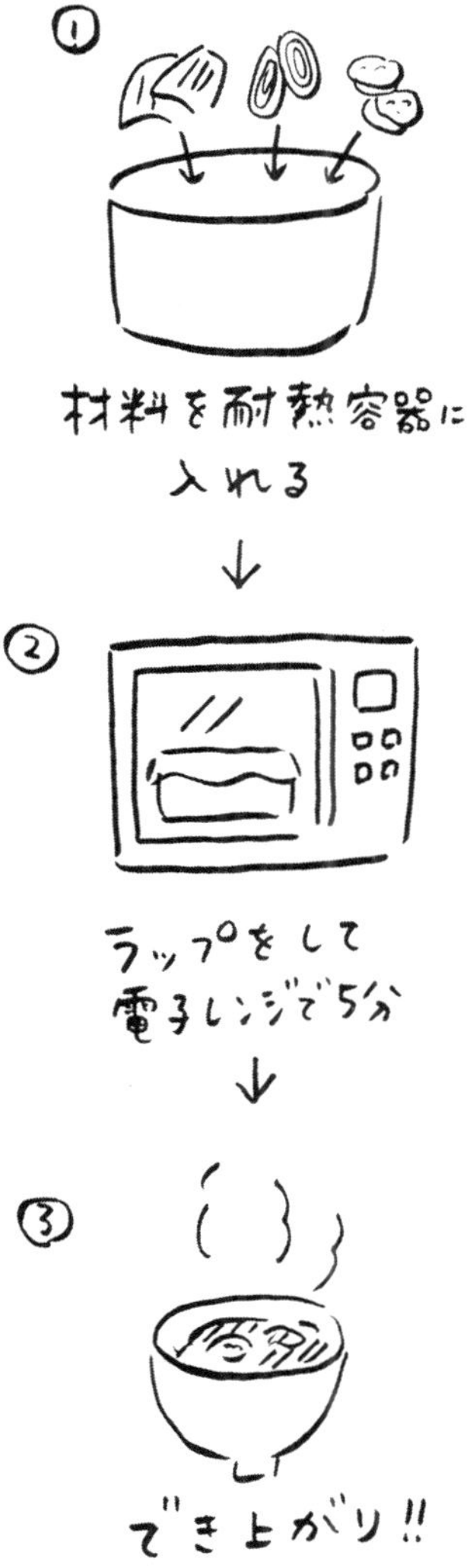
①
材料を耐熱容器に入れる
②
ラップをして電子レンジで5分
③
でき上がり!!

余り物で作った
みそ汁セット

サケ（甘塩）

チンゲン菜
もやし

豆腐

春菊
にんじん

豚薄切り肉

しめじ
ピーマン

はんぺん

もやし
万能ねぎ

牛薄切り肉

ブロッコリー
大根

32●朝食はワンパターンで切り抜ける

結婚したばかりの生徒さんは、「毎朝の献立に悩む」といいます。家庭の食卓は、ホテルの朝食バイキングではありません。献立を数多く揃える必要はありません。毎日、変化させる必要もありません。

朝食は、空っぽの胃に1日の活動エネルギー源の食料を送って、頭脳をパキパキ働かせることが目的。だから、ワンパターンでよいのです。

たとえばパン食なら、トーストと目玉焼き。

食パンは冷凍しておき、凍ったまま焼きます。バタートーストでもジャムトーストでも、ごまはちみつトーストでも、お好みでどうぞ。朝の甘味は脳のエネルギー源になります。私は、心筋梗塞の疑念のあるマーガリンはよして、バターにしています。

目玉焼きがオムレツになっても、温泉卵になってもよし。前日の夕食にみそ汁を食べなかったら、パン食でもみそ汁をつけるとよいですね。パンの小麦粉にも不足している2種の必須アミノ酸、リジンとスレオニンが、みそから摂れるからです（82ページ参照）。野菜も入れれば、サラダより量が多く摂れます。みそ汁に入れる野菜は、白菜、たまねぎ、キャベツ、にら、もやしなど、冷蔵庫にあるもので。朝から100gの野菜を食べると、昼が外食で野菜不足になっても安心です。和食なら、ご飯茶碗1杯（150g）、卵1個（温泉卵、ゆで卵、生卵、煮卵など）、納豆1パック（または豆腐100g、さけ〈缶〉50gなど）、みそ汁（パン食に同じ）。卵2個にして、納豆や豆腐を外してもOKです。

パンとご飯が変わるだけで、ほかはあまり変化はありません。時間にゆとりがあれば、フルーツもどうぞ。みかんやりんごを食べると、ビタミンCの補給ができます。

パン食にみそ汁も

33●「1週間食事メニュー」でムダ買い防止

日曜日は、冷蔵庫の残り物で料理を作ります。冷蔵庫が空っぽになったら、月曜から金曜までの朝・夕の献立を作ります（お昼は、スタジオで仕事の日はまかないご飯、それ以外は市販の弁当や外食と割り切っています）。おひとりさまの自炊で困ることは〝材料を余らせてムダにしてしまうこと〟。そこで、「何をどのくらい食べたらいいのか」から、量を割り出します。

肉や魚・卵・大豆製品のたんぱく質は、1食100gが目安。野菜も100g。プラスご飯を茶碗1杯約150gにフルーツ50gと考えて献立を立てます。これで栄養のバランスはばっちり。これをもとに、メインの魚・肉・大豆製品で主菜を考え、野菜などは材料を使い回す献立を考えます。

献立が決まったら、さあ、買い出し。メモを持って買い物に出かけます。1週間の主な食材は少ないと感じるかもしれませんが、大丈夫です。食材は、必要な量より多

食事メニュー例

月曜日		
朝食	夕食	間食
納豆ご飯 小松菜おひたし ミルクティー＋にんたまジャム	鯛茶漬け 白菜のフルーツサラダ もずくのみそ汁	ミルクティー コーヒー 最中といちご

金曜日		
朝食	夕食	間食
ご飯 わかめの酢の物 野菜と落とし卵のみそ汁 ミルクティー＋にんたまジャム	ご飯 マグロの漬け物タルタル 大根の千枚漬け 具だくさんみそ汁	ミルクティー コーヒー チョコレート クッキー

買い出しメモ

主食	・食パン ・発芽玄米 ・小麦粉 ・スパゲティ		
たんぱく質食品（肉、魚、卵、豆、豆腐）	・タイ刺身（100g） ・冷凍マグロ（100g） ・桜エビ ・鶏もも肉（200g）	・豚ロース肉 ・豚ひき肉 ・卵１ケース（10個） ・豆腐（200g）×2	・納豆（30g）×3 ・牛乳（2ℓ） ・ピザ用チーズ ・ヨーグルト（180g）
野菜・海藻・くだもの	・小松菜 ・白菜 ・しめじ ・トマト ・たまねぎ	・里いも ・万能ねぎ ・にんじん ・にんにく ・カットわかめ	・もずく ・のり ・いちご ・レモン ・トマトソース
その他（到来物も含む、調味料は除く）	・チョコレート ・和三盆 ・羽二重餅 ・クッキー		

く入っている場合がほとんどです。さらに、朝食の卵や乳製品、フルーツなどをプラス。肉、野菜は最少単位で購入します。「3つ購入すればお得！」とあっても無視。ただし、たまねぎやいも類などの日持ちする根菜は、4～5個入りのものを買って、3週間で食べ切るようにします。

買い物メモに「塩サバ」と書いていても、活きのいいアジを見つければ、アジに変更。その日のうちに南蛮漬けを作ります。メモはあくまでも備忘録。自分で作ったメモですから、きっちり縛られることはありません。

買い物から帰ったら、その日は冷蔵庫に食材をしまうだけでも大忙し。夕食は刺身で簡単に。生の肉や魚は冷凍し、量が多い野菜はゆでて密閉容器に入れて冷蔵。ウィークデーの間に作ったおかずが余ることがあったら、冷凍。休日のブランチや弁当のおかずに利用します。ムダも省けますし、一品作らずにすんで助かります。

調味料や油はなくなったら補充。500mℓ以下の小さなサイズを買うと、新鮮なうちに使い切れます。惣菜コーナーには、エビチリなど1パック100g程度のおひとりさま用が並んでいます。材料が何種も必要な惣菜は、市販品を利用しています。

34●マグカップで1人分クッキング

1人分の食事を用意するのは、おっくうなものです。自分のためだけに料理をする気にはなれない、という人もいらっしゃるでしょう。

そんなときにおすすめの料理法。

名づけて、「マグカップクッキング」。使うのは、マグカップと電子レンジだけ。鍋やフライパンを洗う手間もいりません。テレビで紹介したところ、評判になりました。

面倒な下ごしらえなしで、材料と調味料を入れてレンチンするだけで、1食分のたんぱく質を確保することができます。肉じゃがも、魚の煮物も、ポークカレーも、私はなんでもマグカップで作ってしまいます。

マグカップ料理には、こんなにメリットがあります。

1　料理の腕がいらない
2　短時間で調理できる
3　火を使わないので安全
4　食材の栄養を逃さない
5　洗い物が少なくなる

そして、マグカップの柄の部分は熱くならず、指で持って取り出しやすいのも、シニア世代におすすめの理由です。

よく、「マグカップの厚さや素材によって加熱時間は違いますか?」と聞かれますが、関係ありません。どんなカップでも同じ時間でできます。汁気のある料理の場合は、吹きこぼれないように、少し大きめのマグカップを使います。

500㎖マグカップでポークカレー

材料［1人分］

- 野菜（たまねぎ、にんじん、じゃがいも合わせて）……100gが目安
- 豚薄切り肉……50g
- 水……150㎖
- カレールウ……1皿分
- ご飯……1人分

マグカップなら
1人分のカレーや丼が
手軽にできる！

作り方

①マグカップに水を入れ、カレールウを刻んで加え、混ぜる。
②野菜と豚肉を切って入れ、ふんわりとラップをする。
③吹ききこぼれたときのために受け皿にのせ、電子レンジ600Wで8分加熱。
④取り出して軽く混ぜ、ルウのとろみを均一にして、皿に盛ったご飯にかける。

35・冷蔵庫を掃除すると食費が浮く!?

私は結婚以来、16回転居しました。

辞令を受け取った夫が出発し、住居が決まるまで、私たち家族は待機です。その間、ストックの食料品を片づけなくてはなりません。職業柄、保存食や買い置きの小麦粉、乾物もたくさんありました。フタが上に開く400ℓの冷凍庫も持っていました。冷凍食品もいっぱいです。工夫をしながら、私と子ども3人、引っ越しの手伝いをしてくださる人たち、お別れの挨拶にみえる人たちの食事やおやつ、手みやげを作って、使いきりました。

もし今、あなたの冷蔵庫にうんざりするほど食料品が入っているなら、一度、ご主人に転勤の辞令が出て引っ越さなくてはならないつもりで中を片づけてみませんか。まず、中身を全部を取り出します。この「全部出す」が大切です。空になったら、内部を掃除。キッチンブラシと漂白剤が活躍します。水拭き、乾拭きをします。

次に、取り出したものを確認し、ジャンル別に分けます。

野菜……①葉物野菜（小松菜、みつば、ほうれん草など）、②根菜（大根、れんこん、にんじん、ごぼうなど）、③きゅうり、セロリ、なすなど、④いも類、⑤白菜、キャベツ、⑥緑黄色野菜（ピーマン、トマト、ブロッコリーなど）、⑦薬味野菜（しょうが、青じそ、みょうが、ねぎなど）

たんぱく質食品……肉、魚、ハム、干物、封を切った缶詰、卵、チーズ、バター、納豆、豆腐、油揚げなど

調味料……みそ、ドレッシング、たれ、チューブ（わさび、からしなど）、ジャムなど

飲み物……水、牛乳、炭酸水、ビール、ワインなど

カピカピに干からびているチーズや、賞味期限があやしいものはどんどん処分。確認したら、食品を冷蔵庫に戻します。

鮮度の落ちやすい野菜から始めます。①〜⑥の種類に分けて、ポリ袋に入れます。購入したとき入っていた、ネットやセロファン紙の袋は捨てます。

縦長のきゅうり、アスパラなどは立てて収納といいますが、ここではやっつけ仕事でいいのです。ポリ袋に入れたら、口は開けたまま野菜室に入れます。

次にたんぱく質食品です。卵は卵ケースに、チーズ、バターは所定のケースに、なければチルド室に。豚・牛・鶏肉、ひき肉、切り身の魚、ハム、干物は、それぞれをラップに包み、「肉」「魚」と記名したファスナー袋にまとめて入れます。4～5日で食べてしまえる量ならチルド室へ、量が多ければ冷凍室にしまいます。

そして調味料。みそ以外の調味料は、ドアポケットでいいでしょう。ドレッシングやチューブわさびもドアポケットに。倒れやすいので、牛乳パックを切ってセットして立てます。

ちなみに、しょうゆ、酢、ソース、みりん、酒などのうち、常温ストックできる調味料は、冷蔵庫から出します。

飲み物は、ドアポケットに立てます。未開栓のビンは、横倒しにして最上段に。

そのほか到来物の菓子はとりあえず冷凍庫へ。賞味期限の引き延ばしをはかります。乾物、缶詰、ビン詰、ジャム、調味料など保存のきく食品も、少量になっていれば、アルマイトのバットやトレーにのせて冷蔵庫の棚に置き、カレーやラタトゥイユなどの材料に使います。

納豆のたれや刺身についているしょうゆ、ドレッシング、白玉についていた黒みつなど、おまけについていたたれは、紙の小箱にひとまとめにして、冷蔵庫の棚へ。しょうゆの代わりと思って、料理のときに使ってしまいます。それが面倒なら捨てます。

冷蔵庫では、食品を取り出しやすい真ん中の段がいちばん大事です。思いつきでものを置かず、その日食べる食品を置きます。

これで、「見やすい」「取り出しやすい」「掃除しやすい」冷蔵庫になりました。全部目を通したことで、冷蔵庫の中身も頭にインプットされました。使いかけの食材ばかりですから、賞味期限は限られています。1日かけて料理に変身させましょう。

これには1つルールがあって、食材を買い足さないことです。「え～！　ムリィ～」という声が聞こえてきますが、食料たっぷりの無人島にたどり着いたと考えれば、知恵も湧きます。工夫も生まれます。

「1円も使っていないのに、今日の夕食ができた」とか、「明日の昼ご飯も完成したけど、半分は冷凍庫にしまっておいて、忙しい日のおかずにしよう」、なんて考える。片づけの醍醐味です。やってみると、ワクワクするほど楽しい仕事です。

36●たった10秒で本格だし

生活スタイルが洋風化しているといわれますが、日本人のDNAには、和食のうま味、だしのおいしさがすり込まれているそうです。

和食のうま味は、次の3種に大別されます。

グルタミン酸……アミノ酸の一種。昆布、チーズ、トマト、お茶、宗田《そうだ》カツオ節にも含まれている。

イノシン酸……核酸の一種。魚や肉類に多く含まれる。カツオ節、煮干し、サバ節、イワシ節、ウルメ節、鶏肉、豚肉などにも含まれている。

グアニル酸……核酸の一種で、きのこ類に多く含まれる。干ししいたけ、帆立貝柱、ドライトマトなどにも含まれている。

うま味には相乗効果があります。合わせだしといえば、まず思い浮かぶのは昆布とカツオ節のいちばんだしですが、昆布のグルタミン酸とカツオ節のイノシン酸が1対1で合わさると、1＋1＝2ではなく、2の2乗どころか7～8倍にうま味は強くなるといわれています。そのほか、うま味は減塩効果をアップさせますし、うま味があると舌も脳も満足します。うま味成分が胃に入ると脳に伝達され、酵素を分泌、消化を助けます。うま味をきかせると体温が上がり、血液循環がよくなり、血圧を下げるという効果もあるなど、いいこと尽くめです。和風だしの素を使う手も。だしの素は、多く使えばおいしくなるというわけではありません。顆粒だしの40％は塩分です。目分量で使うとしょっぱく、みそもしょうゆも足すことができませんので、気をつけて。

〈ムラカミ流10秒だし〉

カップに削り節（＊サバ節、ウルメ節、宗田カツオ節の混合削り節）を、3本の指で1つまみ（3～4g）入れ、熱湯180㎖を注ぎ、10秒おいてこす。

＊うどんつゆや煮物用で市販されている混合削り節がおすすめ。イノシン酸とグルタミン酸、2種のアミノ酸を含み、昆布とカツオ節を使ったいちばんだしと同じくらいおいしいだしができます。

37●冷凍エビをおいしくするには水につける

日本人は世界一エビが好きな国民だそうで、食卓にエビが上がれば「ごちそう！」と思ってしまいます。

私たちが買う無頭エビは冷凍で輸入され、小分けトレイで販売されています。冷凍のままの場合もありますが、解凍されて生のように見えるエビもあります。

エビやカニなどの甲殻類は、たんぱく質を分解する酵素を持っています。冷凍の間、酵素は休眠状態。解凍すると酵素は自分の身の分解を始めます。これを「自己消化」といいます。

味落ちしないようにと、冷凍エビをポリ袋に入れたまま水に浸して解凍する人がいますが、そうすると自己消化が始まります。そのエビを天ぷらにしたら、尾のつけ根が黒くなり、無残な姿になってしまいます。

冷凍エビをおいしくいただくには、まずポリ袋やパックから出して、①ボウルに張った水にドブンと浸けます。水の中では、エビの酵素が働かず、味落ちしません。②半解凍できたところで、水の中で殻をむき、竹串や楊枝で背わたを抜き取ります。③ペーパータオルにはさんで水気を取り、すぐ調理にかかります。これで、驚くほど美しい紅白の縞模様に仕上がります。

解凍して売っているエビは、家に戻ったらボウルに移し、空気に触れないように水を張って、調理にとりかかるまで冷蔵しておきます。

①
水に浸ける
↓
②
半解凍で殻をむき、
背わたを取る
↓
③
水気を取り、
すぐ調理

38● 冷蔵庫で冷やした水が天ぷらを一流の味に

「天ぷらそばが食べたいな」と思ったら、パッと作ります。エビ天の簡単な作り方をご紹介しましょう。

エビは、先ほどの方法で下ごしらえします。揚げるときに使うのは、市販の天ぷら粉と、冷蔵庫で冷やしたペットボトルの水。水は蛇口から汲んだ水でもいいですよ。

天ぷら粉にはベーキングパウダーが入っているので、かき混ぜるほど水に溶けて、炭酸ガスの気泡がたくさん出てきます。油に入れるとこの炭酸ガスが抜けて、その穴に油が入り、衣がカラッと揚がる仕掛けです。初心者がやっても、天ぷら粉なら上手に揚がります。

まず、①ポリ袋に天ぷら粉大さじ1とエビを入れて口をとじ、袋を振ってエビに粉をまぶします。さらに、②ボウルに天ぷら粉大さじ1と冷たい水大さじ½を合わせて混ぜ、エビを入れて衣をつけます。

１人分で天ぷら粉はたった大さじ１杯しか使いませんが、粉を溶く水の温度が低いほど、粘りのもとになるグルテンが出るのを抑え、天ぷらの衣はカラッと揚がります。蛇口から汲んだ水に氷を１個加えて使うよりも、冷蔵庫で冷えた水を使うほうが、おすすめです。

③揚げるときに使うのは、直径22cmほどの小さいフライパン。油の量は、１カップで深さ１cmほどになります。これなら、使ったあとの油の片づけも簡単です。

①
ポリ袋で
天ぷら粉をまぶす
②
水
冷たい水で
溶くのがポイント
③
深さ1cmの油で
揚げる

39●ポリ袋が台所仕事を救う！

水分のある食品を包む、クッキー生地をこねる、鶏肉にから揚げ粉をまぶす、使い残しの野菜を保存するなど、キッチンで活躍のポリ袋。私は、大（幅26cm×長さ38cm）、中（幅23cm×長さ34cm）、小（幅18cm×長さ27cm）と揃えています。おもたせの料理を入れた容器を包むのにも、欠かせません。

丈の長い小松菜などをポリ袋に入れ、口は閉めずに耐熱容器に立てかけて、電子レンジで加熱することもあるし、ポリ袋で肉や魚を包み、湯煎で火を通すこともあります。

ところで、透明の外袋からポリ袋を取り出したいとき、どこが開け口なのかわからず、イライラすることはありませんか？

外袋の真ん中にガムテープを貼って、ハサミで切り込みを入れて開け口を作ると、開口部がしっかりしてスムーズに取り出せます。

ポリ袋の近くにあると助かるのが、カッター一つきセロハンテープ。私はズシリと重く安定のよいカッター台を使っています。テープを切るとき、びくともしません。

ジャムの小ビンやちりめんじゃこの佃煮などを遠方に送るとき、ポリ袋に入れ、余ったところはキリキリとねじって、セロハンテープでピタッととめます。細かいゴミを包んだ新聞紙にも、セロハンテープを使います。

ポリ袋とセロハンテープは、キッチンの必需品です。

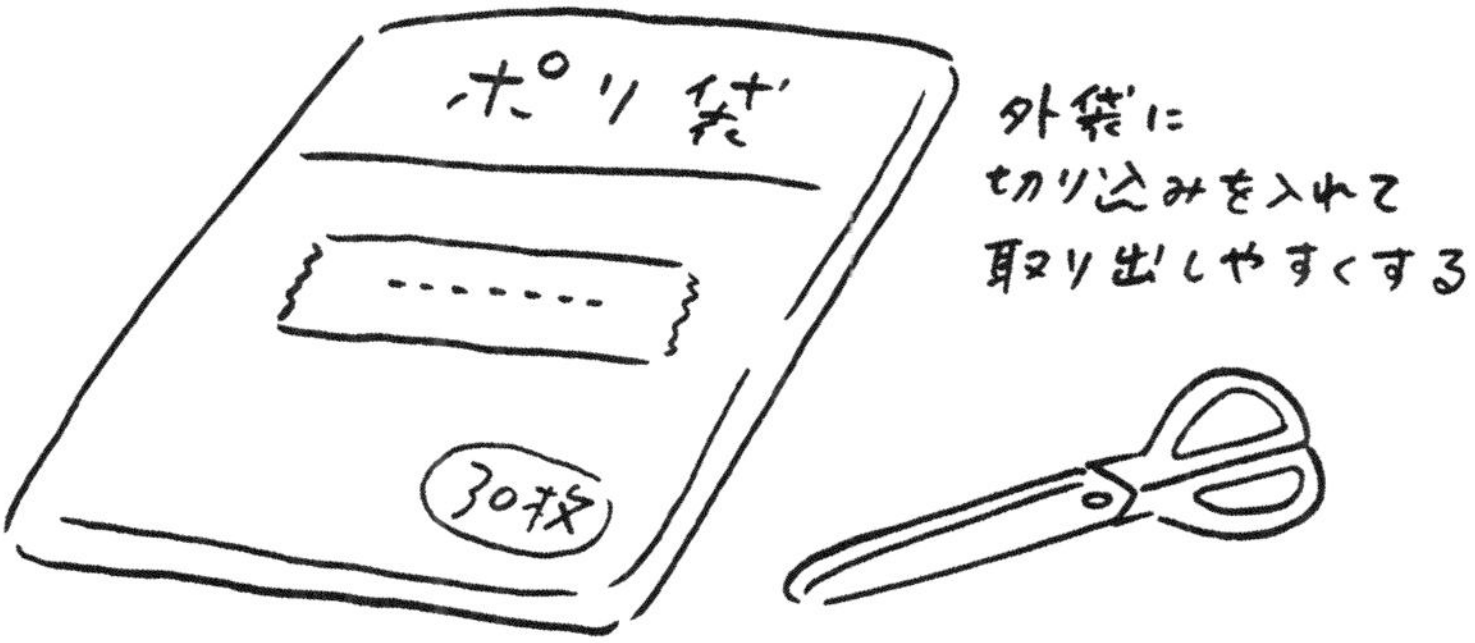
ポリ袋
30枚
外袋に
切り込みを入れて
取り出しやすくする

40● ふせんで忘れ物防止

昔は、裏が白いチラシを切ってメモ用紙を作り、忘れてはいけないこと、忘れそうなことを書きとめて、セロハンテープで窓の木枠などにとめていました。備忘録代わりです。

今は黄色のPost-it®（7・5cm×7・5cm　90枚×10冊／箱　3Mジャパン）を愛用しています。ボールペン、または油性ペンでメモを書きます。在庫切れになった食品、郵便局の振り込み、銀行の引き出しなどです。用をすませたものから、はがして捨てます。

ふせんは、キッチンに置いておくと便利です。透明でない容器には、中身を記したふせんをフタに貼っておきます。凍ると正体不明になる食品も、名前を書いてフタに貼り、テープでとめて冷凍します。

ここで気をつけたいのは、1枚に用件を1点だけ書くことです。もったいないからと1枚に2点書くと、どちらかを忘れることになります。

自分のためだけでなく、スタッフへのメッセージも、1枚に1点。日づけも書くので、ふせんは小さ過ぎないほうが使いやすいです。

朝、出勤したら、B4用紙にペタペタと Post-it®メモを貼り、冷蔵庫の扉にマグネットでとめておきます。ムラカミが留守のときでも、用件が伝達できる仕掛けです。

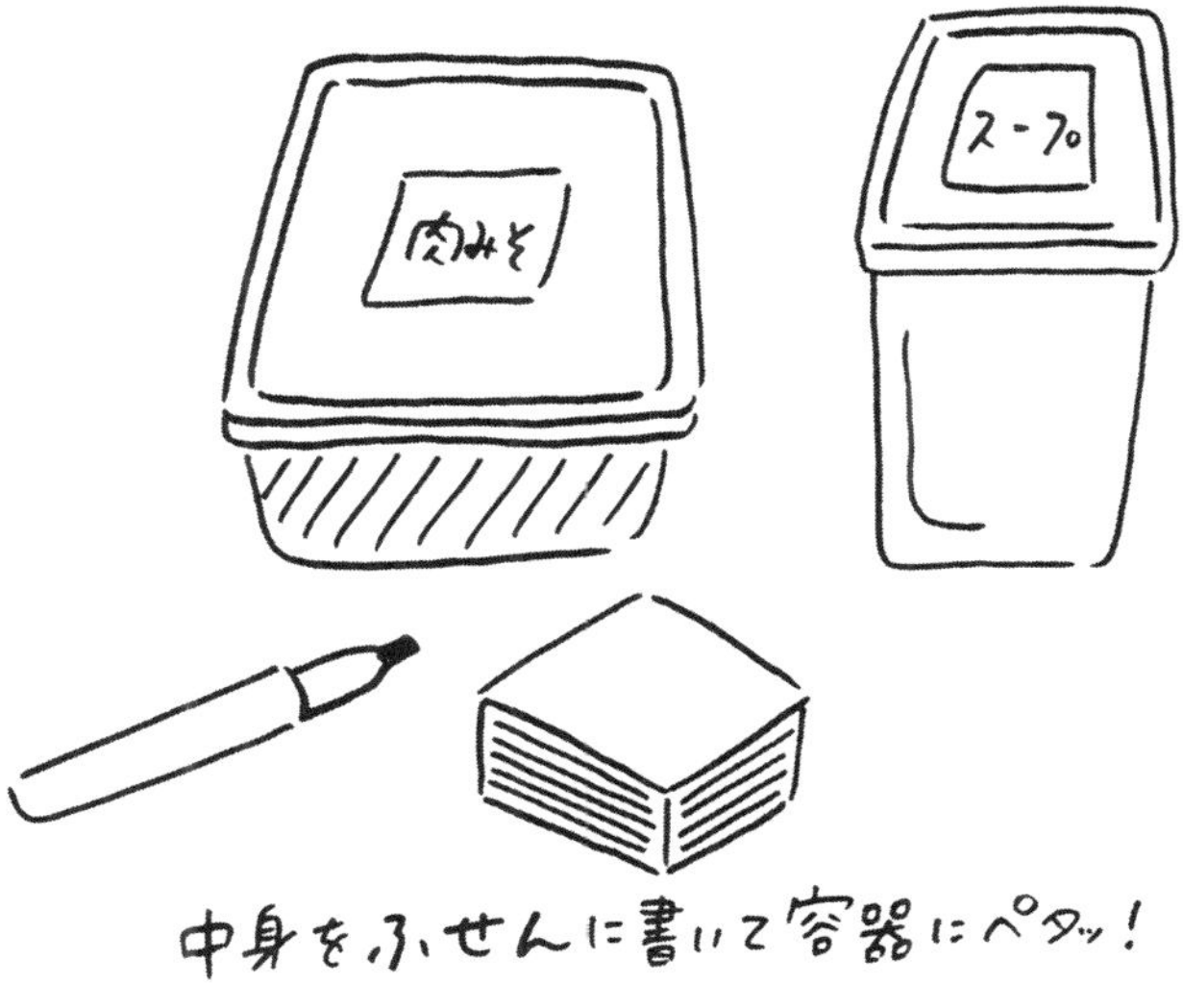
肉みそ
スープ
中身をふせんに書いて容器にペタッ!

41● 冷蔵庫の上は絶好の干し野菜スポット

私は昭和17年、戦中の生まれです。井戸から水を汲み、台所のかめにためて炊事をしました。お風呂は薪で沸かし、洗濯は井戸端でたらいと洗濯板を使ってゴシゴシ。ケチではありませんが、食べられるものを粗末に扱うことはしません。料理をすれば出る大根の皮も、橙の皮も温州みかんの皮も、捨てずに使いました。

私は今でも、大根の皮は細切りにして盆ざるに広げ、冷蔵庫の上にのせます。私独自のやり方かもしれませんが。冷蔵庫の上は放熱板になっているうえ、天井に近いので温かい空気が集まる場所。温度が高くてよく乾きます。2～3日たってチリチリに乾いたら、切り干し大根ができます。

橙の汁を搾ったら、皮はワタを除いて適当に切り、電子レンジ600Wで100gにつき2分チンし、キッチンペーパーにはさんで水分を取ってバットにのせ、冷蔵庫の上にのせておけば、一昼夜でカラカラになります。乾いた皮はミキサーで粉砕してオレンジピール（陳皮）を作ります。りんごの芯を除いて2〜3㎜で1㎝角の色紙切りにし、橙の皮同様にレンジにかけてから乾燥すると、ドライアップルができます。

切り干し大根は炒り煮やハリハリ漬けに。オレンジピールはサバ缶とごぼうの炊き込みご飯に散らしたり、パン・デピス（香辛料を使ったフランスのお菓子・183ページ参照）やパウンドケーキを焼くときのスパイスとして使います。ドライアップルははちみつ入り紅茶に加えると、りんごの甘い香りが漂います。軟らかく戻ったりんごをスプーンですくっていただくと、大変おいしいものです。

大根の葉は盆ざるにのせて
冷蔵庫の上へ

42● ひと晩で白菜漬けができる

私が料理教室の仕事を始めたとき生徒さんは、日本人の男性と結婚したアメリカ婦人12人でした。

始める前にご主人たちに、「奥さんに覚えてもらいたい料理は?」というアンケートを取りました。

米のとぎ方、おにぎりの作り方、炊き込みご飯、だしの取り方、みそ汁、サバのみそ煮、筑前煮など、レシピが50点も挙がりました。

そのなかに、白菜漬けがありました。実演、下漬け、本漬けのために計3個の桶が必要です。1個は自前で間に合わせ、残りは社宅(アパート)の住人に「教室が終わったら、中に白菜漬けを入れてお返しします」という約束で貸してもらいました。

50年前ですから、大がかりです。白菜4株(10kg)、塩は合わせて450g(下漬け用

300g、本漬け用150g）を使いました。桶に入れ、重石をのせて作りました。生徒の皆さんはただあきれるばかり。家に帰って実行した人は皆無でした。

今では、こんな作り方をする人はずいぶん減ったでしょう。私も「一夜でできる白菜漬け」をときどき楽しんでいます。

先日、息子のお嫁さんから「白菜漬けを少量で作りたい」と、電話がありましたので、レシピをファクスで送りました。下のように作れば、半日後には白菜漬けが食べられます。

白菜のサクサク漬け

材料［**作りやすい分量**］

・白菜………300g
・水………300mℓ
・塩、砂糖………各小さじ１と1/2
・酢………50mℓ
・赤唐辛子（輪切り）………小さじ１
・昆布（4cm×4cm角）………１枚
・ゆずの皮（せん切り）………大さじ１

作り方

①白菜は葉と茎に分け、葉は5～6cm角、茎は幅3cmのそぎ切りにする。
②500mℓ容量のビンに水と塩、砂糖を加えて溶かし、酢を加える。
③②に①を加え、赤唐辛子と昆布、ゆずの皮を加える。
④ラップを落としブタ代わりに直にのせ、フタをし、冷蔵保存する。12時間後から食べられる。
※冷蔵で１カ月間保存できる。

43●自家製めんつゆさえあれば

めんつゆは自分で作っています。しょうゆもみりんも、昆布も削り節も、自分の好みのものが使えます。知らない成分が入っていない安心感があります。

椀に自家製めんつゆ大さじ1を入れ、熱湯大さじ8（120㎖）を注げば、うどんやそばのかけつゆになります。2倍量用意すれば、鴨鍋もできます。そうめんやそばのつけつゆにするときは、3倍に薄めてください。

ほかにも、牛肉のしぐれ煮、親子丼、肉じゃがなどさまざまな料理の味つけに重宝します。

絞った昆布と削り節は冷凍保存しておいて、まとめて佃煮にします。

自家製めんつゆ

材料［でき上がり200mℓ］

- 酒……150mℓ
- みりん……85mℓ
- 昆布、削り節……各10g
- 薄口しょうゆ……40mℓ
- 塩……大さじ1

作り方

①酒、みりん、昆布、削り節、薄口しょうゆ、塩を小鍋に入れ、30分おいて中火にかける。

②沸騰したら弱火にし、表面がフツフツしている状態で、アクを取りながら5分煮て火を止め、冷ます。

③ボウルにざるをのせ、破れないキッチンペーパーでこす。

④キッチンペーパーを寄せてねじって絞り、スプーンやおたまの底で圧してムダなくこし取る。

※ビンなどに入れ、冷蔵で1カ月間保存できる。

44・冷凍食品は冷たい油から揚げる

最近の冷凍食品は味もよく、衛生管理の行き届いた工場で作られていて安心です。常備しておくと、もう一品足したいときや買い物に行けないときに重宝します。コロッケや春巻きなどの冷凍食品を少量揚げるときに、おすすめの方法をご紹介しましょう。

直径20～22㎝の小さめのフライパンにコロッケや春巻きを凍ったまま並べ、油をかぶるくらい注ぎ、強火で加熱を始めます。こうすると、冷凍食品は解凍されつつ、油温は170℃まで上がっていきます。揚げ物が浮き上がったら上下を返し、全体にきつね色になるまで揚げて取り出し、油を切ります。パチッと水跳ねもせずに熱々に揚がります。おひとりさまの揚げものは、油1カップあれば十分できます。使った油は、熱いうちにこしてストックします（60ページ参照）。

第3章 食べることから始まる体力作り

45● 食べる力は生きる力

「ご飯」って、温かい言葉です。

特別のごちそうじゃなくても、いつものお茶碗、いつもの家族、みんなの好物。そんな家庭の食卓を、「ご飯の原点」と考えます。

では、なぜ、ご飯を食べるのでしょう？　答えは明快です。

「命の流れを止めないため」

体は食べ物を分解して吸収し、絶え間なくエネルギーを生み出します。それが、生きているということなのです。

生きるために食事は大切とわかっていても、シニアになると、何を食べてもおいしいというわけにはいきません。「お腹が空いた〜、ご飯まだぁ？」と叫ぶほどの食欲もありません。

でも、できたての料理なら、いい匂いが漂ってきて、食べようという意欲が湧きます。「早・うま・簡単」のできたて料理を食べるために、シンプルな食材を冷蔵庫や冷凍庫にストックしておくことが必要です。

年を取ると、食事そのものが面倒になります。買い物も、作ることも面倒くさいなど。いえいえ、それはなりません。「人は見えないところが勝負」です。ちゃんと食べることは、ちゃんと生きることにつながります。それを最後まで底支えしてくれるのが「食べ力」。「おひとりさまご飯」ができているか否かが、人間らしい自分を確立するための必須条件です。

食生活は、スタイルも嗜好も徐々に変化していきますね。多忙を極めても、ひざ痛もなし、腰痛もなしで毎日ピンピン元気に暮らしているムラカミが、「元気の秘訣」をお伝えします。

46●シニアは一汁二菜で十分

「住まいは小さく、食事は一汁二菜」が、おひとりさま・ムラカミの生活の基本ルール。といっても、家を小さく建て替えるなんて簡単にはできません。1K住まいのつもりで、50坪の家の一部分だけ使って、愛着のある家で暮らしています（12ページ参照）。食事も、自分1人分を作ります。

シニアの食事は、一汁二菜で十分。

朝食は、目覚めのミルクティーとにんたまジャムを毎日、パンとご飯を隔日で食べています。献立も、納豆ご飯と小松菜のみそ汁程度でシンプルです。

昼食は決めずにおきます。宅配のお弁当を注文してもよいし、コンビニまでお弁当を買いに行ってもよいですね。私は住宅街に住んでいますが、徒歩2分のコンビニに、切手や牛乳、卵をよく買いに行きます。一人暮らしの方が、コーヒーやお弁当を買いにみえています。

若者、壮年向きのお弁当は量が多めです。コンビニのお弁当はご飯200g、肉・魚などたんぱく質のおかずも200g入っています。ご飯やおかずが多いと思ったら、とりあえず取り分けて、フタ付き容器に移し、即、冷凍してください。冷蔵ではありません。室温に置いておくのがいちばん危険。食中毒のもとです。

夕食は、魚、肉、豆腐などの大豆製品の繰り返し。買い物に出た日の夕飯は、刺身と決めています。

舟盛りの刺身を買ったら、小鉢を2個用意して、1個に刺身とわさびを盛って主菜に。もう1個に白髪大根、にんじん、紅たで、わかめなどを盛り、ドレッシングをかけ、青じそをちぎってのせて副菜に。カットわかめと糸寒天と液みそで汁物を作り、冷凍ご飯をチンしてでき上がりの、シンプルクッキング。

いかがですか。これくらい簡単な献立で十分です。

お菓子をつまんでエネルギー補給するのではなく、買ってきたお弁当でもいいから、3食ちゃんと食べましょう。朝7時、昼12時、夜6時など食事時間を決めるのも、食べ過ぎ、食べ不足を防ぐいい方法です。

シニアの夕食メニュー例

・麻婆豆腐（豆腐、豚ひき肉、なす）
・けんちん汁
・サケの和風ムニエル（揚げせんべいをくだいてまぶし、電子レンジで調理）
・ゆでブロッコリーのマヨサラダ
・コーンポタージュ（市販パックを牛乳で溶いたもの）
・ビーフカレー
・コールスローサラダ
・レンチンじゃがいものバター焼き（電子レンジで調理）

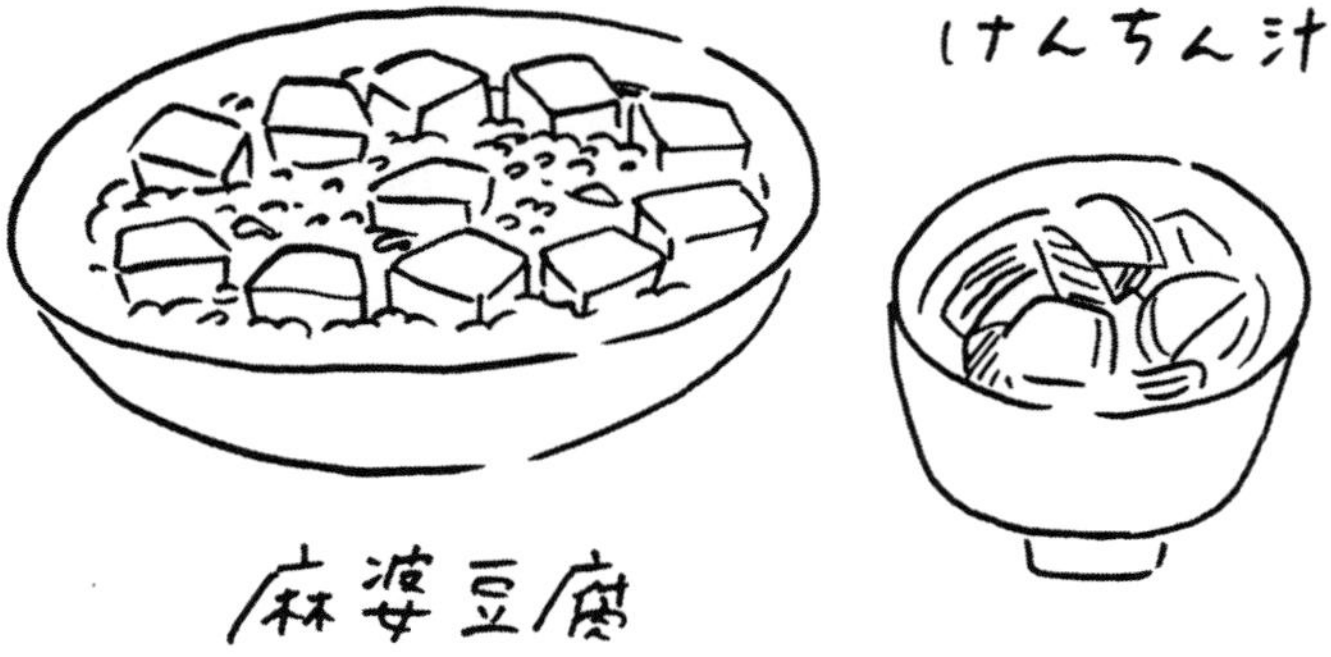

47●野菜は「せん切りミックス」にして冷蔵

自動車はガソリン燃料で走るとき、排気ガスを空気中に出します。人間も生きている限り、エネルギー代謝を繰り返し、その結果、活性酸素が生まれます。活性酸素は、過剰に増えると強い毒性を発揮。いわば、排気ガスみたいなものです。体が酸化してサビつき、多様な病気を招く原因になります。

その活性酸素を強力に打ち消してくれるのが、植物の持つ抗酸化成分、「ファイトケミカル」。がんの予防効果や免疫力アップが期待される有効成分として注目されるようになりました。従来のビタミンや食物繊維の摂取目的以外にも、野菜を食べる重要性がわかってきています。ファイトケミカルの力を借りて免疫力を上げるためにも、毎食、野菜を100g食べようと思っています。

野菜を買ってきたら、冷蔵庫に入れる前にひと手間。硬い野菜（大根、にんじん、じゃがいもなど）や、かさばる葉物（ほうれん草、小松菜など）はレンジで加熱します。こうしておけば、使いたいときすぐに使えるので、忙しいとき、疲れているときに助かります。そのまま保存するより日持ちもよくなります。残りは生で、「せん切りミックス」にしてから冷蔵庫に入れます。

シニアの方は「せん切りの生野菜をそんなにたくさんストック？」「もさもさして食べづらい」といわれます。サラダでいただくこともありますが、あらかたは加熱して食べています。加熱すると、かさが減るので量が多く食べられます。いろいろな野菜が混ざっているので、甘味や香りが際立っておいしいのです。

せん切りミックスは、きゅうり、にんじん、大根、レタス、ねぎ、クレソン、パセリ、小松菜、白菜、キャベツ、紫キャベツ、ピーマン、パプリカ、ミントなど、そのときどきで種類も量もまちまちです。

せん切りミックスを作るときは、まずボウルに氷の入った水を用意します。

・はさみで切る……パセリ、クレソン
・包丁で切る……キャベツ、白菜、紫キャベツ、ねぎ、ミント

・スライサーでせん切り……大根、にんじん、きゅうりなど硬くて棒状のもの

①切る端から水に放し、全部入ったら両手で混ぜ、②ざるにすくいあげて水気を切る。③フタ付き容器（縦16cm×横27cm×深さ8cm／容量2250㎖）に入れて冷蔵しています。この容器1個で500g入ります。一度に2、3個作ることもあります。

生でサラダにしたり、チンしてごまあえにしたり。野菜たっぷりみそ汁もすぐできます。即席ビーフンにのせて電子レンジで加熱し、混ぜたあと、さらにせん切り野菜をのせていただくこともあります。

48● ロコモ予防は「食べる力」プラス「運動」で

突然ですが、片足立ちで、靴下を履けますか？

フラフラするというあなた、「ロコモ（ロコモティブシンドローム）」をご存じですか。ロコモは体を動かす仕組みが衰えた状態のことです。

生活様式が変わって、しゃがんだり立ち上がったりする動作が少なくなりました。老化は、足音も立てずに忍び寄ってきます。じわじわと、40代から始まっているのです。

私の健康管理は、毎朝10分のトランポリンと歩数測定です。

生来運動が苦手で、以前はどこに行くにもタクシーを使っていた私です。しかし、脚の筋肉は放っておくと激減すると聞きました。このままではいけないと思い直し、歩くことに決めました。

目標は1日1万歩。料理教室がある日はキッチンスタジオの中だけで1万歩達成しますが、デスクワークの日はせいぜい3千歩ですから、教室の材料調達も徒歩です。そんな折り、知人からプレゼントされたのが、ご自身も愛用するトランポリンでした。ピョンピョン跳ぶだけで歩数計の歩数が稼げるので、楽しく続けられています。筋肉を増やすのに、年齢は関係ありません。

ロコモ防止のために、もう1つ大切なのは、食事です。

年を取ると、食事そのものがおっくうになります。あまりお腹が空いてないから、あり合わせの食材で間に合わせる。買い物も作るのも面倒くさいなど、料理を作りたくない理由がいくつも見つかります。

気がついていますか？　それは、自分自身を粗末に扱っているのです。

自分をかわいがってあげなくては、ご先祖様にも子どもたちにも申し訳が立ちません。運動と食事の両方に気をつけて、ロコモを予防しましょう。楽しい明日が開けます。

49● シニア世代にこそ肉や魚が必要です

私たちを取り巻く栄養情報は、めまぐるしく変わります。

2012年までは、筋肉や骨を作るために必要不可欠な栄養素、たんぱく質の摂取量は、1日に18歳以上の日本人男性で60g、女性50gで、体重1kg当たり1gで計算されていました。有識者の間では、「高齢者は若い人に比べ、筋肉の分解が起こりやすい」「たんぱく質食品は若い人と同じように摂ったほうがよいのでは」といわれていましたが、根拠となるデータがなかったのです。

2013年、厚生労働省の「健康日本21」で、たんぱく質摂取量は男性80g、女性70gに見直しされました。2万1000人を対象とした調査により、60代になったら、虚弱予防のためには、女性でもより多くのたんぱく質が必要だということが、データで裏づけされたのです。

たんぱく質は、脂肪の少ない赤身肉100gに約20g含まれていますから、たんぱく質食品で単純に計算すると、男性で400g、女性で350gです。教室の生徒さんにお話しすると、「そんなに食べられないわ！」という反応が返ってきます。

ご安心ください。主食のご飯やパン、パスタやうどん、その他副食などにもたんぱく質は含まれていますから。実際の肉、魚の必要量はもう少し減ります。

私の例でいえば、朝食は卵1個と納豆1パックでたんぱく質食品100g、昼食はとんかつ弁当で豚肉100g、夕食は刺身1人前（50g）と冷や奴（豆腐50g）で100g、朝ミルクティー、夜ホットミルクで牛乳1カップ、ワインのおつまみにチーズを食べれば、たんぱく質摂取量70gを十分以上に食べていることになります。

高齢でも元気で活躍されている方は、「お肉が大好き」という方が多いようですよね。

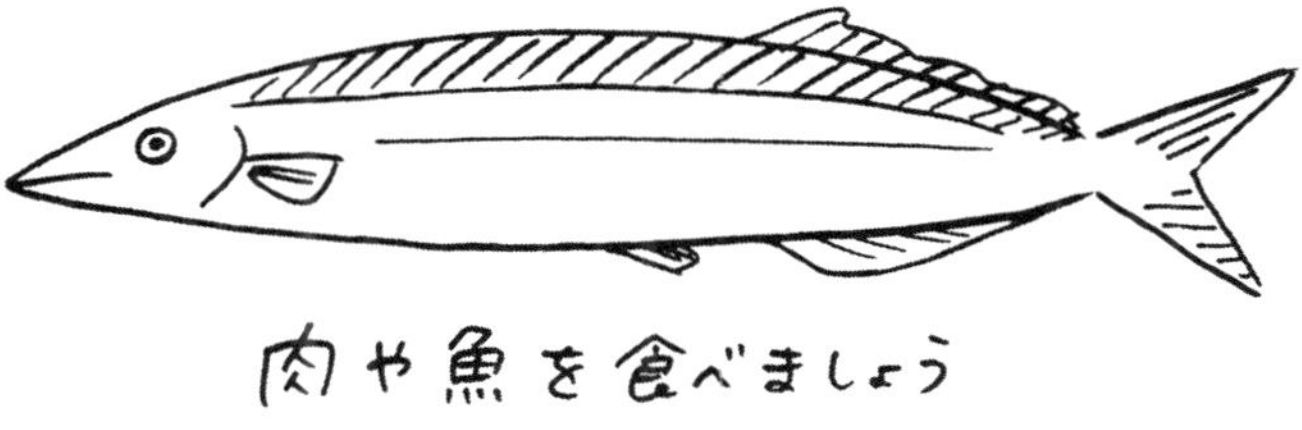

50●野菜は淡色2に緑黄色1がベスト

シニア世代が中心の教室で質問してみると、「野菜を十分に食べているから安心派」と「野菜までとても手が回らない派」に分かれることに気がつきました。「安心派」は、肉や魚のたんぱく質食材が不足しがちなのが心配です。「手が回らない派」は、調理が簡単な緑黄色野菜（トマト、ブロッコリー、ピーマンなど）に傾きがちなようです。

緑黄色野菜には、リコピン、ベータカロテン、クロロフィルなどが多く、がん予防効果が高いのです。が、淡色野菜ももっと食べて欲しいのです。

淡色野菜は、緑黄色野菜にはないビタミンやミネラルの種類が多く、食物繊維の含有量も高いうえ、悪玉コレステロールを排出する力が強いクロロゲン酸やイソチオシアネートなどのファイトケミカルを多く含んでおり、私たちがエネルギーを生み出すたびに発生する、活性酸素の毒性を消してくれます。

病気を寄せつけない、抵抗力のある体を作るために必要な野菜の量は、1日350g。たんぱく質食品を多く摂る人でも、野菜の上限は350gです。内訳の目安は、淡色野菜200g、緑黄色野菜100g、いも50g。

「いも？　太るのでは……？」。ご心配なく。いもは食物繊維が豊富で、熱に強いビタミンCをりんご以上に含んでいます。

野菜ではありませんが、果物は1日100g（みかん1個、りんご½個）食べることもすすめられています。ただし、100%のフルーツジュースは、1日½カップまで。ナチュラルで混じりっけなしだからとガブガブ飲むと、血糖値を引き上げてしまいます。

野菜は食物繊維が多いので、噛む、飲み込むが難しい介護食の人は、1日200gまでとしましょう。これで何とか、便秘にならないですむ量です。

51● 主食はきちんと、発芽玄米がおすすめ

脳は、1日に最低でも90gのブドウ糖を必要とします（じっとしていて動き回らず、考えもせずの基礎代謝量をカバーする量です）。これより不足すると、体の筋肉を分解してブドウ糖に作り替える「糖新生」が起こり、体にケトン体がたまり、肝臓に負担をかけてしまいます。だから、主食をきちんと摂ることは大切です。

私のいつものご飯は、発芽玄米と白米を1：2で炊いた玄米ご飯です。

今でこそ「ご飯」といえば白米が一般的ですが、古来、日本の人々は、玄米のご飯をしっかり噛みしめて食べてきました。玄米は、米本来の姿。胚芽も外胚乳もぬか層も丸々含んでいます。食物繊維、ミネラル、ビタミンB群、ビタミンEと、人間の体の機能を整える成分を含んでいます。

昔ながらの玄米より食べやすいのが、発芽玄米。発芽玄米は、玄米を少しだけ発芽

させることによって、栄養価が増えた米です。玄米を水に浸けると、芽を出すために酵素が活性化し始めます。妊娠した母体が出産に備えて栄養を蓄えるように、米もまた発芽に向けて内部の栄養分を増やし、最高の状態に整えます。これが発芽玄米です。

　発芽玄米になると、ギャバ（γ－アミノ酪酸）が白米の10倍、抗酸化物質のビタミンE4倍、カリウム、マグネシウム、カルシウムも3倍、食物繊維は4倍に増えます。発芽の生命力のすごい働きです。

　ご飯を炊いたら、すぐにフタ付きの耐熱容器に、炊きたてのご飯１５０gを詰め、フタをして湯気も一緒に閉じ込めてから、冷まして冷凍します。そうすると、レンチンしたときふっくらご飯に戻ります。

　主食はご飯のほかに、冷凍うどんやゆでそば、ゆでて余ったスパゲティ、食パン、サンドイッチ用食パン、バゲットなども、冷凍庫にキープしています。赤飯や炊き込みご飯なども、余れば冷凍庫に。白米のご飯も、仏様用にストックしています。

52●ご飯のふりかけ「白黒ご飯」

食欲がないと決定的にエネルギー不足になり、脳にダメージを与えます。考えることがおっくうになり、イライラもします。そんなときはまず、主食を食べてブドウ糖の補給です。

珍しい「白黒ご飯」はいかが。しょうゆ味のご飯をおかずに、白いご飯をいただきます。私の教室でも、驚きの声が上がり、喜んでいただけたメニューです。私が考え出したのではありませんよ、もとは禅寺のまかないご飯と聞いています。

〈白黒ご飯〉(2人分)

ご飯茶碗1杯をごま油と唐辛子で炒め、しょうゆ、塩、コショウ各少々を加えて黒いご飯を作ります。茶碗に白いご飯適量を盛り、黒いご飯をのせていただきます。

食欲のないときには、そうめんやそばを食べる方も多いでしょう。そのとき、つゆにわさびを加えるところを、こしょうをきつめに振ってみてください。これだけなのに、スルスルと麺が喉を通り、とにかくエネルギー補給ができます。

イライラするときや、仕事する意欲がわかないときは、血液中のカルシウムも減って、精神状態が不安定になっています。カルシウム補給には、まずチーズ。ゴルゴンゾーラやカマンベールなどでなくても、ピザ用チーズで十分です。

食パンにたっぷりチーズをのせたチーズトーストもいいですし、チャーハンや焼きそばにもチーズをのせてみてください。もちろん、グラタンやチャウダーでいただいても、カルシウムが補給できます。

ストレスがたまっているときは、ビタミンCを補給するとカルシウムの吸収率が上がります。焼きギョーザや焼き魚、豚肉のソテーなどには、おろしにんにく少量にレモン½個分を搾った「ガーリックレモン」をつけていただくのがおすすめです。今までの食欲不振がウソのように解決。ガーリックレモンは水炊きのつけだれにしてもよし、刺身につけてベトナム風にしてもよし。インスタントラーメンに加えると、爽快な味になります。

53・刺身やステーキ、牛すじ肉も柔らかく

私は37歳から40歳まで、原因不明の高熱に悩まされました。顔はパンパンに膨れてくるし、寒気で震えが止まらない。床に落ちたおたまを拾おうとすると、ガーンと脳髄をかなづちで打たれたような痛みが走ります。

救急車にも乗りました。脳外科でも検査を受けました。大学病院の門を50回はくぐりました。検査の結果、どこも異常なし。

繰り返す痛みに耐え、何とか生きていましたが、40歳のとき、顎骨《がっこつ》の慢性骨髄炎《まんせいこつずいえん》とわかりました。

4年かけて10回の手術を受けました。歯を抜いて顎骨を切開し、骨髄を掻爬《そうは》するという壮絶な手術です。18本の歯を抜いたのです。手術後何日かは入院しましたが、抜糸がすんだら即、退院。家には中高生3人がいますし、自分の料理教室もあります。

そんな状況のなか、自分のために自分で作って食べることを何とか続けました。その1つが、牛ももステーキです。

ステーキを薄切りにし、それを1・5㎝の色紙切りにするのです。表面の焼けた部分と内側のロゼの部分が混ざり、肉の味がしっかり味わえます。

1人分で50g程度でしたが、ステーキを舌と上あごで圧しつぶすと、香ばしく焼けた肉のうま味と、肉汁のレアな味が同時に味わえて、「おいしい！」という喜びにつながりました。義歯の人や歯がない人、介護食の人に作ってあげると喜ばれると思います。

厚生労働省が毎年行っている国民健康栄養調査の結果から推計すると、70歳以上の3〜4人に1人が低栄養（栄養失調）の恐れがあることがわかりました。低栄養になるとまず、動きが悪くなります。心筋梗塞や肺炎になったり、介護が必要になったりします。死亡のリスクも高まります。

栄養失調を防ぐためには、128ページで説明しましたが、1回の食事でたんぱく質食品100gを摂ることがおすすめです。

たんぱく質料理を食べやすくする方法

1　さらに細かくたたく……ねぎトロやアジのたたき、刺身

2　フォークでつぶす……だし巻き卵、ハンバーグ

3　包丁で薄切り。細かく刻む……赤身肉のステーキなど

4　フードプロセッサーでみじんに刻む……硬いレバーの艶煮

5　圧力鍋……鶏肉、豚もも肉、牛すじ肉、ハム（塊）などに野菜（大根、いも、にんじん、たまねぎなど）と水を加えて加熱する。圧がかかったら弱火で5～10分煮込むととろけるように軟らかくなる。

54●鶏むね肉で筋肉増強

２０１７年１月、日本老年学会・日本老年医学会は、高齢者を「65歳ではなく75歳以上としては」と提言しました。

学会は脳卒中や骨粗鬆症《こつそそうしょう》などの病気や運動のデータを解析し、慢性疾患の受診率が低下し、生物学的な年齢が５～10歳若返っていると見ています。知能の検査では、最も得点の高い世代が40代から50～60代に変化しているそうです。

病気の予防に取り組み、高齢期に備えるためには、何といっても毎日の食生活が大切です。

まず一品、鶏むね肉を使ったサラダチキンにチャレンジなさってはいかがですか。

鶏むね肉は価格が手ごろで、筋肉増強の強い味方。高たんぱく、低カロリー食品です。今、アスリートの間で話題のイミダゾールジペプチドもたっぷり。抗酸化作用が強く、傷の回復、たまった疲労物質の乳酸を、ＰＨ調整で回復させる働きがあります。むね肉はもも肉に比べて、パサパサで硬いというイメージがありますが、おすすめのサラダチキンは冷めてもふっくらジューシー。コンビニのサラダチキンでも同様においしいです。自分で作ることが面倒な方は、コンビニで購入なさってください。今、次の東京オリンピック選手の体力強化にも、鶏むね肉は積極的に取り入れられています。

サラダチキンを作っておけば、次のような料理に活用できます。

・そのままでもおいしいので、ほぐして棒々鶏、スープ、サラダに使っても。
・鶏皮にはコラーゲンがたっぷり。刻んで小口切りの万能ねぎとポン酢しょうゆ、一味で。
・ゆで汁が絶品！　うま味たっぷりなので、みそ汁、スープ、カレーのブイヨンに。
・噛む、飲み込むが難しい人には、ラップをかぶせてめん棒で叩くと繊維が細かくほぐれる。ほぐれたサラダチキンをばらさずに、粉、溶き卵、パン粉をつけ、少量のバターで炒め焼きしてカツレツに。１cm幅に切ると、介護食の方でも食べやすい。

サラダチキン

材料［**でき上がりサラダチキン220g＋ゆでた鶏皮25g**］

・鶏むね肉……1枚（300g）
・水……500mℓ
・塩……小さじ1/2
・ねぎ（ぶつ切り）……10cm分
・しょうが……薄切り2枚

作り方

①鶏肉の皮をはぎ、身と皮に分ける。
②鍋（鶏肉がしっかり水に浸かるサイズのもの）に水と鶏肉、皮を入れ、塩を加えて溶かし、ねぎ、しょうがを入れて火にかける。
③強火で沸騰してきたらアクを取り、すぐに火を止める。フタをしてそのまま冷ます。
④フタ付き容器や保存用袋に鶏肉と皮を入れ、ゆで汁をこして注ぐ。完全に冷めたら冷蔵庫に入れ、上に固まった脂は除く。
※冷蔵で約5日間、冷凍で1カ月間保存できる。

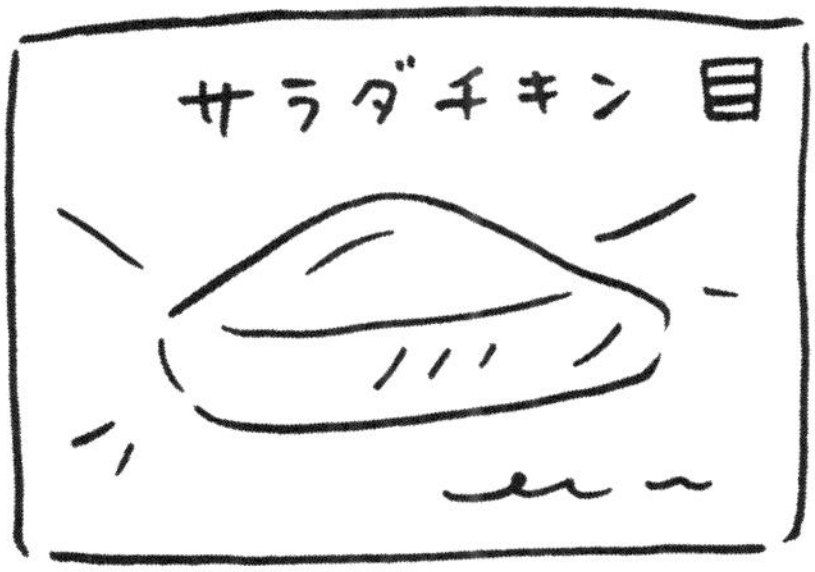

コンビニの
サラダチキンも
おすすめ！

55 ● 電子レンジゆで卵で元気チャージ

体のたんぱく質の一部は、尿素などになって体外に失われるため、食事から補給する必要があり、不足すると体力や思考力が低下します。

たんぱく質の質がいちばん高いのが卵です。卵黄にはレシチンやコリンが含まれていて、脳の認知機能の効果も上げています。確かにコレステロールも多く含んでいますが、1日2個の卵であれば影響はないというのが、現在の厚生労働省の見解です。

たんぱく質が足りないなと思ったら、ゆで卵を作って食べています。電子レンジで手軽に作ります。「電子レンジだと、爆発するんじゃない？」とご心配の方、大丈夫です。アルミホイルで包めば、電磁波の卵への直撃をかわせます。周りに水を張るので、アルミホイルのチカチカも心配ありません。いくつかゆでて、めんつゆに漬けて冷蔵庫に入れておくと、小腹が空いたときにうれしいおやつになります。

電子レンジでゆで卵

材料［**1個分**］

・卵……1個

・水……100mℓ

作り方

①耐熱性のコップ（マグカップでもよい）に水を注ぎ、アルミホイルで包んだ卵を入れてラップをする。

②電子レンジ600Wで2分加熱し、弱（150～200W）または解凍キーに切り替えて12分加熱したあと、水に取り、殻をむく。

温泉卵

材料［**1個分**］

・卵……1個

・水……1/4カップ

・しょうゆ……適量

作り方

①コーヒーカップに水を入れ、冷蔵庫から出したばかりの卵を割り入れる。このとき、卵の上に水がかぶっていることを確認する（卵を破裂させないため）。

②コーヒーカップのソーサーを上にのせ、電子レンジ600Wで加熱。50秒くらいでソーサーを持ち上げてみて、白く固まっていればOK。透明なところが残っていたらあと10秒加熱。

③取り出して湯を捨て、卵を器に移して、しょうゆをかける。

56● 油を使った料理は昼食に

油を極端に避ける人がいます。でも、油にしか溶けないビタミンやミネラルも多いので、毛嫌いしないで油を使った料理も食べたほうがよいのです。といっても、食べる時間帯は気にしたほうがよいかな、と思います。

私自身、いろいろなパターンを試した結果、揚げ物は昼食にとったほうがよいとわかってきました。昼食の揚げ物で摂ったエネルギーは、仕事を終える日暮れ時までには消費してしまうからです。夜食べたときに比べ、体重が増えません。

ということで、昼に外食するときはとんかつ定食や唐揚げ弁当がおすすめです。

食べる順番は、「ベジタブル・ファースト」にしています。「ベジタブル・ファースト」とは、まず野菜料理を食べ、次に肉や魚のたんぱく質食品、最後にご飯やパン、麺などの炭水化物（糖質）を食べるという食事の進め方。この順番で食べると、膵臓からのインシュリン量が急激に上がらないので、「食後高血糖」にならなくてすみます。糖尿病患者やその予備軍のために考案された方法ですが、食の欧風化が進み、運動量も減ってきている現在、糖尿病でない方にもおすすめしたいと思います。

たとえばとんかつ定食なら、いちばんに添えのせん切りキャベツを食べ、2番目に豆腐とわかめのみそ汁を飲み、3番目にとんかつを食べ、最後にご飯を食べる。これで「ベジタブル・ファースト・ランチ」となります。

夕飯にごちそうが並ぶ日本では、食習慣は簡単には変わりませんが、私はあるときから昼にお腹いっぱい食べて、デザートもいただくように変えました。夜は和風で軽くすませるように切り替えたら、太ったりやせたりがなくなりました。おひとりさまだから、自分流ができます。

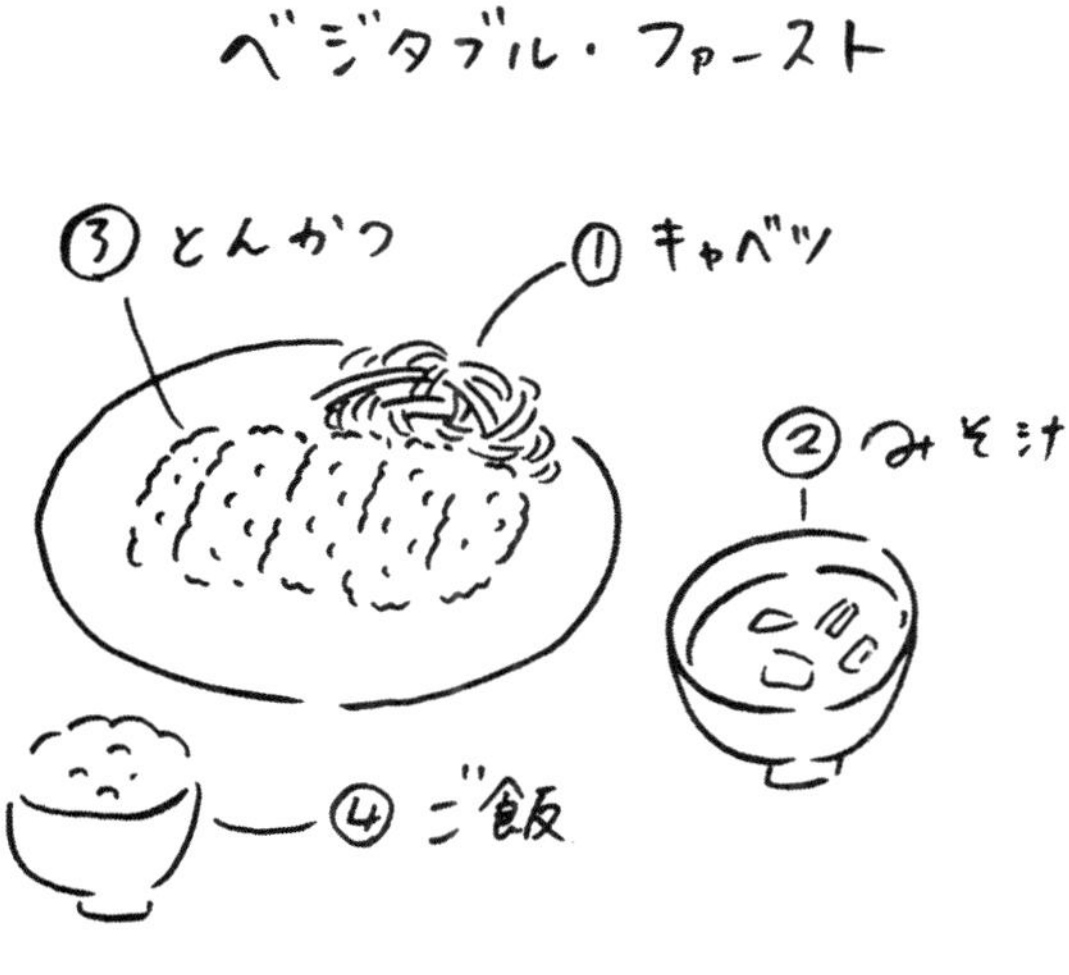

57●マーガリンは×、アマニ油は○

空港の搭乗口で待っていると、「お料理の先生ですよね。こんにちは！　毎日食べているものは何ですか？　なるべく食べないようにしているものはありますか？」などと聞かれたりします。毎日食べるものは、ご飯（パン、麺も）、たんぱく質食品、野菜の3点セット。たんぱく質食品のなかでは、卵とチーズは欠かしません。牛乳も毎日飲みます。間食はほとんどしませんが、夕食後、鉄分補給にチョコレートをつまむことはあります。コンビニでミニサイズの板チョコの箱を購入しています。常備品です。食べないものは、マーガリン、ショートニングなどの硬化油です。

学生時代に、「マーガリンは植物性のヤシ油に水素を添加して固形にした油（硬化油）」と学びました。植物性の油だから、動物性油脂のバターより体にやさしい食材と思い、せっせと使っていました。世間全般の認識もそうでした。ところが2010年以降、アメリカで「マーガリンやショートニングなどの硬化油は心筋梗塞の引き金になる」というデータが発表されました。以来、私は教室でも自宅でもマーガリン、ショートニングはまったく使わなくなりました。

シニア世代に特におすすめなのが、アマニ油、エゴマ油です。

ＥＰＡ（エイコサペンタエン酸）やＤＨＡ（ドコサヘキサエン酸）などのオメガ3系脂肪酸が含まれていて、血液サラサラ効果や物忘れ防止の力、その上、便秘予防にも絶対的な効果を発揮するといわれています。

オメガ3系脂肪酸は魚に多く含まれていて、魚をよく食べる日本人に不足することはありませんでした。食生活の欧風化が進み、平成18年、ついに魚介類と肉類の摂取量が逆転してしまいました。

アマニ油やエゴマ油は、毎日1人小さじ1程度摂れば不足を補えます。冷たいまま食べたほうがよいといわれたりしますが、どこかで間違って伝達されたものと思います。カナダではアマニ油はパンケーキやクッキーに使われます。韓国では、エゴマ油はのりに塗ってあぶったり、炒め油として使います。加熱して食べたほうが、体内の吸収率はアップするといわれています。

58● 豆乳ヨーグルトで快腸生活

尾籠《びろう》な話で恐縮ですが、毎朝、仕事を始める前に、トイレの〝大〟がすんでいると安心します。仕事中や外出先で、「ちょっと失礼」となるのも困ります。

便秘を防ぐためには、次の2つの力が必要です。

1　便を作る力

何よりも便の材料が必要です。ご飯やパン、麺類などの主食、野菜をたっぷり、そして、腸そのもの、つまり体の組織のもとになるたんぱく質食品の肉や魚を摂ります。生の食材と同じで、便の80%は水分です。汁物やコーヒーなど水分も十分摂ります。

2　便を育てる力

野菜や水分を体に摂り入れたところで、腸内環境が整っていなければ、よい便を出すことはできません。

健康のためには善玉菌である乳酸菌、ビフィズス菌がよしとされていましたが、腸内細菌の分野は未知のものが多く、日和見菌の酪酸菌の存在が大きく関わっているともいわれています。ヨーグルトなどの発酵食には、腸内の善玉菌や日和見菌を増やす働きが期待されています。

そのため結婚以来ずっと、ヨーグルトを作ってきました。作り方はいろいろ変わりましたが、いまは「レンチン3分、豆乳ヨーグルト」に落ち着いています。にんたまジャム（153ページ参照）を加えて食べています。種菌にするヨーグルトの種類は好みでお選びください。食べ終わったら新しく作ります。

レンチン3分 豆乳ヨーグルト

材料［**でき上がり560g**］

・豆乳（大豆固形分9％以上）……500mℓ
・プレーンヨーグルト（市販品）……60g

作り方

①耐熱容器（容量750mℓ以上）に豆乳を注ぎ、電子レンジ600Wで3分加熱する。これで40℃前後になり、乳酸菌が繁殖しやすい温度になる。
②プレーンヨーグルトを加えて混ぜ、フタをして室温に冬で1時間、夏は30分おく。絹ごし豆腐状に固まれば、でき上がり。
※冷蔵で1週間保存できる。

59●元気の源「たまねぎ3兄弟」

「村上さんは実は3人おりまして、1人は東京、1人は福岡、皆さんの前に立っているのがもう1人」。全国各地で仕事をこなす私を、講演会の主催者が紹介したときの言葉です。ひざ痛もなし、腰痛もなし、年を重ねても筋肉量は多いらしいのです。先日、体組成を測ったときにわかりました。好き嫌いなく肉も魚もよく食べますが、私を元気にしてくれているのは、毎日2個の「たまねぎ氷®」と、1さじの「にんたまジャム」、そして「ジンたまジャム®」の「たまねぎ3兄弟」です。

私がたまねぎ氷を考案したのは、2011年のことです。糖尿病の方々が、ラクに長く続けられる食事療法はないかと研究・工夫して生まれました。

栄養状態のいい人は病気になりにくく、病気になっても薬のききがよいので早く治り、大量の薬を使わなくてすみます。この考え方をもとに、国民病ともいわれるほど多くの方を苦しめている糖尿病に、食べることで効果がある食品を探した結果、免疫効果の高い食品であるたまねぎに注目。たまねぎ氷を考案したのです。

糖尿病歴が長く、毎日血糖値を計れる方10名に、1カ月分を冷凍便で送り、試験的に朝夕コンスタントに食べてもらいました。血糖値の測定は、患者の主治医の方々にお願いしました。結果、考案者の私が驚くほど血糖値が下がり、数値も安定しました。

ただし、たまねぎ氷の弱点は持ち運びができないことです。「たまねぎ氷をいつでも食べたい」という長距離トラックの運転手さんのメールをきっかけに、「にんたまジャム」を考案しました。たまねぎににんにくを加えて煮つめてみると、常温で保存できる、パンチのきいたおいしいジャムができたのです。

「りんごジャムのような味！」と、試食した方はおっしゃいます。私自身で試してみると、体はポカポカ、肌色もよくなりました。そのままペロリ、またはヨーグルトに、みそ汁に、カレーに、1さじ加えるだけで、味もグレードアップします。

さらに、にんにくは苦手という方のために「ジンたまジャム」も誕生しました。

これで「たまねぎ3兄弟」の完成です。いずれもそのまま食べてもおいしいのですが、調味料としても活躍しています。

たまねぎ氷

材料［製氷皿2〜3枚分］

・たまねぎ……1kg
・水……1カップ

作り方

①たまねぎは皮をむき、上側と根を切り落とし、十文字に4等分に切る。
②耐熱ボウルに入れ、水を注ぎ、電子レンジ600Wで22分加熱。ボウルにたまった汁ごとミキサーに移し入れ、とろとろになるまで回す。
③冷ましてから製氷皿*に流し入れ、フタをかぶせて冷凍する。
※冷凍で約2カ月間保存できる。
＊ブロックが約25g（25mℓ）になる製氷皿を使用しています。たまねぎ氷を作る際には、お手持ちの製氷皿の容量を確認してください。容量が違う場合は、ブロックが何gになるか計量しておくと便利に使えます。

たまねぎ氷の食べ方

・汁物に……インスタントラーメンなどに直接加える。
・調味料代わりに……溶かして小皿に取って、漬け物にまぶして食べる。
・ソースに……小皿に溶かしたたまねぎ氷大さじ1を入れ、ポン酢しょうゆ小さじ1とゆずこしょうを加えて混ぜる。ステーキや炙り焼きのソースに。
・シューのカスタードクリームに混ぜてもおいしい。
※大さじ1（12.5g）あたり5kcal、塩分0g／氷1個（25g）あたり9kcal、塩分0g／1日分（50g）18kcal、塩分0g

にんたまジャム

材料［**でき上がり460g**］

・たまねぎ……500g
・にんにく……100g
・水……100mℓ
・砂糖……60g
・レモン汁……大さじ2

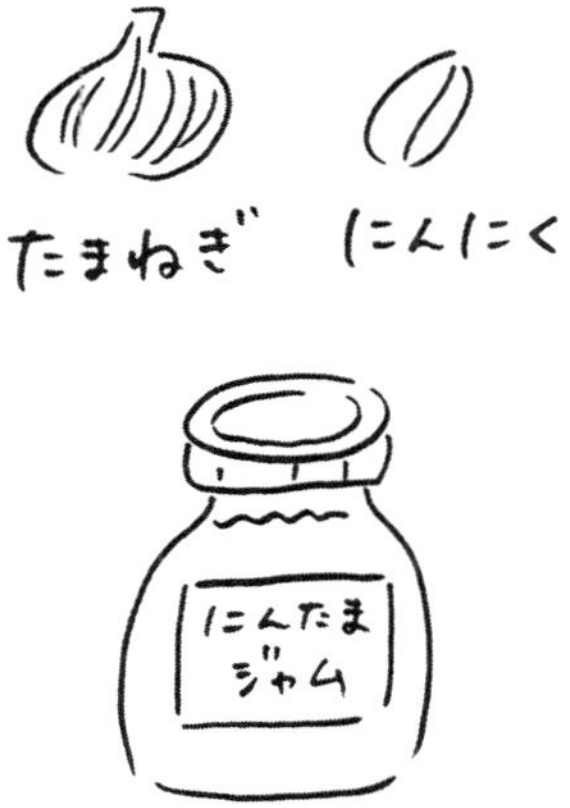

作り方

①たまねぎは皮をむき、上側と根を切り落とし、十文字に4等分に切る。にんにくも皮をむく。
②耐熱ボウルににんにくを入れ、たまねぎをのせ、水を注ぎ、両端をあけてラップをしてから、電子レンジ600Wで14分加熱する。汁も一緒にミキサーに移し入れ、砂糖、レモン汁を加え、なめらかになるまで回す。
③耐熱ボウルに移し、ラップをせずに電子レンジ600Wで8分加熱する。熱いうちにきれいなビンに移し、フタをする。
※常温で1週間、冷蔵で1カ月間保存できる。開封後は冷蔵庫へ。

にんたまジャムの食べ方

・卵かけご飯
・レトルトカレー

※1日の摂取量の最少の目安　ティースプーンこんもり1杯=大さじ1
大さじ1あたり13kcal

ジンたまジャム

材料［**でき上がり570g**］

・たまねぎ……500g
・しょうが……50g
・水……100㎖
・砂糖……60g
・レモン汁……大さじ2

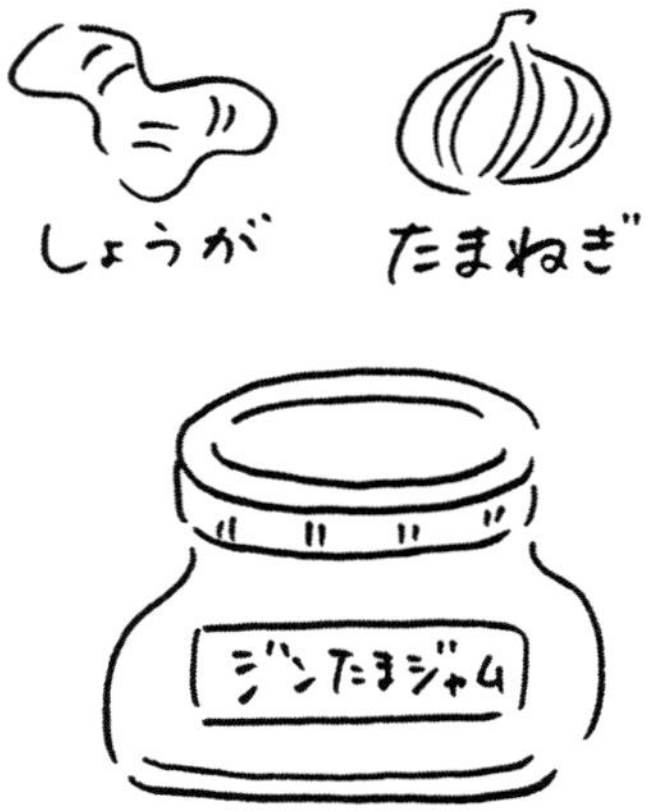

作り方

①たまねぎは皮をむき、上側と根を切り落とし、十文字に4等分に切る。しょうがは皮つきのまま、幅5㎜の輪切りにする。
②以下の手順は「にんたまジャム」と同様だが、電子レンジの時間は1分ずつ短くする。
※常温で1週間、冷蔵で1カ月間保存できる。開封後は冷蔵庫へ。

ジンたまジャムの食べ方

・ミルクティー、コーヒー、アイスクリームに。
・納豆ご飯、マグロのたたき、アジの南蛮漬けにも。
※1日の摂取量の最少の目安　ティースプーンこんもり1杯＝大さじ1
大さじ1あたり8kcal

たまねぎ氷、にんたまジャム、ジンたまジャムの効果

1　たんぱく質が摂れ、骨格筋の形成にも

運動をするためにはたんぱく質を十分に摂ることが必要です。ジンたまジャム・にんたまジャムは代謝を活発にし、血流をアップし、たんぱく質のアミノ酸の分解に働きます。しょうが、にんにくとたまねぎが見事にコラボして、料理で使っている油脂を燃焼し、効率よくエネルギーに代える働きもしてくれます。

2　糖質を効率よくエネルギーに代える

糖質完全オフは、脳の認知機能のためにはマイナスとなります。最低でもご飯は1回90gは摂りたいもの。糖質が体内でエネルギーに代わるのをサポートするのがビタミンB_1。たまねぎ氷・にんたまジャム・ジンたまジャムのイソアリイン、アリイン、スコルジニンは、ビタミンB_1の働きを底支えする働きがあり、糖質の代謝アップの強い味方です。

3　便秘を防いでデトックス

たまねぎの甘みはフラクトオリゴ糖なのですが、フラクトオリゴ糖は難消化性の食物繊維。消化されないので、真っ直ぐ腸に下りてきて乳酸菌の食料に。腸内フローラが豊かに広がり、快便・快腸になります。水分以外の便の内容物の80％は腸内菌や腸壁の細胞の死骸ですから。ジャムに含まれるクエン酸の代謝力も加わって、ダイエット効果もあります。

4　免疫力アップ

しょうが、にんにく、たまねぎには、疲労回復、滋養強壮、食欲増進、抗酸化作用、発汗作用、解熱作用、精神安定作用など、多くの効能が知られています。毎日適量を食べることで、ウイルスに負けない免疫力をつけられます。冷え性や便秘、肌荒れ、不眠といった日頃の不調を改善し、風邪をひきにくくなり、ガンなどの重い病気にもかかりにくくなるといわれています。

5　血液サラサラ効果

しょうがのガラノラクトン、にんにくのアホエン、たまねぎのイソアリインには、血液をサラサラにする働きがあります。しょうが、にんにく、たまねぎのニオイ成分には交感神経を刺激して末梢血管を拡張させる働きがあり、血液が手足の末端まで届くことで冷え性やむくみが改善され、便秘解消やアンチエイジングなどの効果も期待できます。

6　糖尿病や高血圧の予防・改善

血圧は上が130、下が80以下が血管に快適な条件です。しょうがの皮に多く含まれるショウガオール、たまねぎに含まれるケルセチン、にんにくの香気成分アリチアミンは、血管内壁につく中性脂肪を分解し、血流をよくすることで、糖尿病や高血圧の予防・改善に効果を発揮します。

60●「酢キャベツ」で胃腸を元気に

身近な野菜の代表格、キャベツには、栄養が豊富に含まれています。ビタミンC、ビタミンU、カリウム、ファイトケミカルの含有量は淡色野菜の中でもトップクラス。胃腸薬「キャベジン」の意味をご存じですか？　キャベジンの正式名称はビタミンU。キャベツから発見されたため、この名前になりました。胃腸の弱い人にキャベツがおすすめなのは、ビタミンUを多く含むためです。キャベツのファイトケミカルはイソチオシアネートですが、ガン予防効果が期待されています。

「でも、そんなにたくさんは食べられない」という方におすすめの食べ方が、「酢キャベツ」です。キャベツに含まれているイソチオシアネートを効率的に摂取するには、切る、する、つぶす、噛み砕くなど野菜の繊維を断ち切ること。また、酵素は酢に漬けておくことで活性が維持できます。ビタミンCやビタミンUは水溶性のため、栄養成分の溶け出た漬け酢を一緒に摂ることで、さらに効果が期待できます。

酢キャベツは、作りおきに向いています。冷蔵することで酸味がまろやかになり、食べやすくなります。そのまま箸休めにするのもよし、おかかをのせておひたし風にするのもよし、サラダにのせればドレッシング代わりに。ハンバーグはたまねぎの代わりに混ぜると、うまみがアップ。みそ汁に入れてもおいしいのです。

酢キャベツを食べ始めて、1カ月で高血圧が正常に、体重が6kg減少した生徒さんもいます。

酢キャベツ

材料［**でき上がりキャベツ400g、漬け酢300mℓ**］

- キャベツ……500g
- 酢……150mℓ
- 砂糖……60g（はちみつなら140g）
- 塩……小さじ1

作り方

①キャベツは5cm長さのせん切りにし、ボウルに入れる。
②鍋に酢、砂糖（または、はちみつ）、塩を入れて火にかけ、煮立ったら火を止めて、酢が熱いうちにキャベツにあえる。
③常温まで冷まし、ビンや保存容器に移し、フタをしてひと晩おく。翌日から食べられる。
※常温で1年間保存できる。
100gあたり25 kcal、塩分0.4g／漬け酢大さじ1あたり21 kcal、塩分0.4g

61●「レモン酢」で高血圧を防ぐ

血圧が気になる生徒さんたちにおすすめしているのが、レモン酢。「高血圧から解放され、気分爽快になった」と、うれしい報告を受けています。効果を挙げると、

1 血圧、血糖値の降下に役立つ
2 血管の脂肪を減らし、動脈硬化を防ぐ
3 体脂肪を減らし、ダイエットに役立つ
4 脳を活性化して認知症を防ぐ
5 便通をよくして美肌を作る
6 むくみが取れる！　疲労が回復する
7 免疫力を高めてガンを防ぐ
8 骨を丈夫にして骨粗鬆症《こつそしょうしょう》を防ぐ

1日大さじ2杯を目安に食べてください。血圧対策なら朝、夕各大さじ1杯。ダイエットなら夕食後に。レモン酢で、顔のシミが薄くなった生徒さんも。

サラダのドレッシングや、酢のものの合わせ酢にも使えます。炭酸水を注いだらレモンスカッシュに、紅茶に加えてもいいし、牛乳と混ぜるとヨーグルト風になります。使用する酢は、米酢や玄米酢、黒酢などの穀物酢やリンゴ酢などの果実酢、ワインビネガーでもOK。子どもの肥満対策にも効果があります。

レモン酢

材料［**450mℓのビン1本分**］

・レモン……1個　・氷砂糖……100g
・酢……200mℓ

作り方

①レモンはよく洗い、ペーパータオルで水分を完全に取り、幅1cmの輪切りにする。
②ビンに氷砂糖を入れ、レモンを加え、酢を注ぐ。
③ビンにフタをせずに電子レンジ600Wで30秒程度加熱する（この時点で、氷砂糖が溶けることはない）。
④ラップをかぶせ、スプーンやゴムべらなどで押さえながら、レモンを酢の中に沈める。
⑤ビンにフタをして、常温で12時間おいたらでき上がり。
※常温で1年間保存できる。夏場は冷蔵庫で保存する。
※レモンは取り出さなくてもよい。
大さじ1あたり24kcal、塩分0g

62●1日2杯の牛乳で認知症を予防

「久山町研究」をご存知でしょうか。福岡県の久山町で長年にわたって行われている、大規模な生活習慣病の疫学調査です。食事パターンと認知症発症の関係を検討すると、野菜豊富な和食を中心として、牛乳や乳製品を加える食事をとっている人は、認知症の発症リスクが40％ほど低いことがわかりました。

調査では、認知症とともに糖尿病の発症リスクが低下することも明らかになっています。

メニューから落としがちな乳製品ですが、カルシウムやたんぱく質で、骨、筋肉量がアップ、ラクトフェリンで免疫力もアップします。私は、好きということもありますが、1日に牛乳2カップ、またはチーズ2ピース（50g）を摂るようにしています。

牛乳は、飲むばかりではありません。紅茶やコーヒー、料理に使っています。以前、

「おいしい給食支援」に通っていた病院で、入院患者さんにグラタンやドリアは大人気でした。患者さんから「作り方を教えてください。退院したら妻に作ってもらいます」といわれました。

市販品のバニラアイスクリーム、プリン、シュークリームを食べても、乳製品を食べたことになります。わざわざ作らなくても、1人分買ってくればいいですね。

マスカルポーネチーズを小皿に30gほど取り分け、グラニュー糖をかけるのも、私のお気に入りのデザート。私がチーズ大好き女子と知る友人は、誕生祝いにカマンベールやゴルゴンゾーラ、ミモレットなどを送ってくれます。

では、ちょっと甘いものが欲しいときに作る、アイスティー・ラテの紹介を。

〈村上流アイスティー・ラテ〉（1人分）

耐熱ガラスのコップに水70㎖を注ぎ、ティーバッグを入れ、ラップはしないで電子レンジ600Wで2分加熱。ティーバッグを除き、砂糖小さじ2を加えて溶かし、氷をたっぷり入れたグラスに注ぎ入れ、適量の牛乳を加えて混ぜる。

63● 絶品！ イタリアン唐辛子、溶き辛子の巧妙

あるとき、「シチリアからの輸入品です。お好みでパスタにどうぞ！」と、行きつけのレストランで出された、3㎜角くらいの赤唐辛子（ペペロンチーノ）。「う～む、何とカッコイイ！　私も欲しい！」。一味、七味、輪切り、ホールの唐辛子ならスーパーで手に入る。そこで、輪切り唐辛子をフードプロセッサーにかけました。様子を見ながらガッッガッッガッッと……で、大成功！　さっそくこれを使って、にんにくと唐辛子のパスタ、アーリオ・オーリオ・エ・ペペロンチーノを作ってみました。点々と赤が散って素敵！　それからはきれると作って、佃煮作りにも使っています。

自家製溶き辛子も、おいしいものです。スーパーには、チューブ入りの練り辛子も粒マスタードも売っていますが、手作りならもっと風味がよく、1カ月は辛みが持続します。コンビニのおでんも、ひと味グレードアップすること間違いなし。作りたて

はほんのちょっとなめても、ツンと鼻腔に届く香ばしい辛み！　教室で実演すると、肝心のチャーシューの作り方そっちのけで、注目を集めるのです。材料はスーパーにある粉辛子です。粉辛子はデンプンですから、溶くのは水。ペーパータオルを貼りつけ、熱湯を注いで辛みを引き出します。

溶き辛子には、防カビ力や血行をよくする力があり、むくみを取ったり、体を温めたり、肩こり改善などが期待できます。昔は、溶き辛子と小麦粉を練ってさらし布に塗り、湿布薬として用いていたようです。

溶き辛子

材料［**でき上がり50g**］

・粉辛子……1袋（25g）
・水……1/4カップ
・熱湯……1/2カップ
・みりん、酢……各小さじ1
・塩……小さじ1/5

作り方

①ジャムの空きビン（容量250mℓ程度）などに粉辛子を入れ、水を加え、箸で滑らかになるまで手早く溶き混ぜる。
②ペーパータオルを4つ折りにして辛子の上に貼りつけ、熱湯を注ぎ、5分おく。
③湯を捨てペーパータオルを取り、一度箸でかき混ぜ、みりん、酢、塩を加えて練り混ぜ、フタをする。
※冷蔵で1カ月間保存できる。

64● サバ缶のＤＨＡで脳梗塞のリスクを減らす

サバの水煮缶が人気です。２０１７年には生産量で「ツナ缶」を抜いて1位に。使い勝手のよさとおいしさ、コストパフォーマンスの高さで注目を集めています。

サバは一般的に、「足が早く、鮮度を保つのが難しい魚」として知られていますが、水煮缶は、獲れたての状態で加工しているので、常においしさを保っている最強の食材です。身がしっとりしているので、噛む、飲み込むが難しい方にもおすすめ。もちろん、元気なシニアにもおすすめです。

サバやイワシなどの青魚に多く含まれるＤＨＡやＥＰＡは、血流を正常にし、脳血管障害のリスクを減らします。

サバとごぼうの炊き込みご飯は1缶で4人分作れるので、その日に食べる分を残して、フタ付き容器に小分けし、冷凍保存しておきましょう。

サバとごぼうの炊き込みご飯

材料［**4人分**］

・米……2合
・ごぼう……1本（100g）
・サバの水煮缶……1缶（150~200g）
・しょうゆ……小さじ1
・みりん……小さじ2

作り方

①米は洗ってざるにあげる。ごぼうはささがきにし、水の中でもみ洗いしてざるへあげる。
②炊飯器に米を入れ、水を（2合の目盛まで）注ぐ。サバの水煮缶の汁、しょうゆ、みりんを混ぜる。ごぼうとサバの身をのせて炊く（あれば「早炊きコース」で）。蒸らし終わったら、全体に混ぜる。

65 ● 惣菜の塩分、糖分、油はカットできる

私が連載をしている雑誌の読者から、お便りが届きました。「私は煮物が大好きです。年を取り、ひとつひとつの野菜の処理などが大変で上手にできません。大根や里いも、ひじきの煮物もスーパーで買ったりしますが、味が濃くて口に合いません」

こういう方は、できあいの惣菜にひと手間かけることをおすすめします。「水を足し、温め、水を捨てる」この3ステップで、ぐっと穏やかな味と塩分量になります。

①パックのフタを取り、水大さじ2をかけ、ラップをする（電子レンジ加熱ができないときは、耐熱ボウルに移し替えてラップを）。

②電子レンジでチン（80gなら、600Wで2分）。

③水を捨てる。

筑前煮、切り干し大根煮、ふろふき大根、里いもの煮ころがしなども、この方法で

ＯＫです。

油の多い惣菜には、「野菜をプラスして、のっけて、温める」の３ステップです。塩分を抑えながら、栄養バランスをアップすることもできます。

①食べやすい大きさに切った野菜を耐熱皿に入れる。

②フタを取った１人分（約１００ｇ）の惣菜のパック（電子レンジＯＫのもの）を、逆さまにしてパカッと野菜の上にのせる。容器がフタ代わりになる。

③電子レンジ６００Ｗで３分加熱。加熱時間は加える材料の量によって調整して。

おすすめの組み合わせをご紹介します。

〈エビチリ〉ににら（１把を４cm長さ切り）をプラス（３分加熱）

〈八宝菜〉にキャベツ（１００ｇ・４～５cm角切り）をプラス（３分加熱）

〈唐揚げ〉にじゃがいも（１００ｇ・皮をむいて乱切り）をプラス（３分加熱）

〈マーボー豆腐〉になす（１００ｇ・幅１cmの輪切り）をプラス（３分加熱）

とはいえ、今の日本のシニアの方は、食事の量が足りていないケースが多いので、塩分、糖分、油分の摂り過ぎを気にするより、とにかくおいしいと思える味で食べてほしいと思います。実際、市販食品の塩分量は以前に比べ、減っています。

66●お弁当は重さ＝カロリーと考えよう

「毎日、ご飯を3食作り続けるのは大変！」と、思いませんか？

年中キッチンにいるのが趣味のムラカミでも、原稿書きの期日が迫ると、ご飯作りの時間も惜しくなります。

日の丸おにぎりを片手に、原稿書きを長時間続けますが、そのうち手が震え、目が回りそうになります。やっぱり、肉や魚のおかずも食べないと体がもちません。近所のコンビニに出かけ、焼きサバ弁当をゲットしてきました。

ここで私の好奇心アンテナがムクムク……。コンビニのお弁当の栄養価はどんなものでしょう？　さっそくはかりを持ってきて、計算を始めました。

［焼きサバ弁当］（¥500　648g〈包装込み〉≒630g＝630kcal）

〈内容内訳〉

・鶏唐揚げ……1個
・三角春巻き……1個
・ちくわの青のり天ぷら……½個
・ウインナー……½本
・塩サバ……80g
・うぐいす豆……8g
・紅白なます……20g
・こんにゃく煮……8g　・しいたけ含め煮……4g
・にんじん……2g　・高野豆腐……10g
・ひじき煮……10g
・赤飯……100g
・白飯……100g＋ふりかけ少々

家政学のフィールド研究によると、ご飯とおかずが容器の半分ずつであれば、重量=カロリーになるそうです。このお弁当は容器の重さを引くと約630g。およそ630kcalです。たんぱく質のおかずは156gでした。加熱後の重量ですから、生食材の重さに換算すると約200gになります。揚げ物も入っているし、お昼は外食代わりにコンビニ弁当というのも、ときにはいいですね。ただし野菜が不足しているので、夕飯は「もやしのピリ辛」で補いました。

お弁当は、重さだけでなく容量も、だいたい1mℓが1kcalです。これも家政学会で発表されたデータです。

糖尿病の患者さんがホテルのランチビュッフェなどに行くときは、弁当箱を持参すると、便利です。もし「1食500kcal」と主治医の指示があるのなら、500mℓ容量の弁当箱に入る量なら食べていいということ。弁当箱の半分にご飯を詰めて（チャーハンやピラフなどの油を使った主食は避けて）、残り半分におかずをぎっちり詰めます。こうすればほぼ許容範囲のカロリーに収まるので、安心して食べられます。

これだけではとても足りないと思ったら、洋皿いっぱいにグリーンサラダをのせ、ノンオイルドレッシングをかけていただくと、満腹感になります。

第4章 おいしく食べて楽しく生きる

67 ● 冷凍食品の「お母さん便」

私たちが結婚したとき、すでにやもめ暮らし7年目だった舅は、わが家に逗留するたびに、「お母さん（私のこと）、こんなにおいしくかぼちゃ煮る人おりませんで……」「ビーフシチュー、うまいなぁ」と、私の料理を大変喜んでくれました。

幸い、舅は電子レンジを持っていましたから、生クリームの200㎖紙パックを洗って取っておき、カレーやミートソース、ホワイトシチューなどを詰めて冷凍して、ときどき送っていました。

その頃は「クール便」なんてありませんでしたから、アイスクリーム屋さんにドライアイスを予約し、魚屋さんで発泡スチロール箱を手に入れ、航空便の会社に集荷を予約して発送。舅は、紙パックをバリバリと破いて耐熱ボウルにコロンと移し、ラップをして電子レンジで解凍加熱していました。

息子が1人暮らしを始めたときにも、同じ方法で送りました。台風で飛行機が遅れても、凍ったまま着きました。

今では宅配便が発達して冷蔵も冷凍も選べ、便利になりました。

ときどき、料理教室の生徒さんから「今日は出席できなくて残念です。料理を送ってくれませんか」という依頼があります。夕方5時の集荷で冷蔵便を出すと、翌朝には先方に届くそうです。

離れて暮らす息子のお嫁さんから、「夫の好きなオニオングラタンや牛すじカレー、アジの昆布〆を作ってみましたが、味がイマイチ。お母さん、作って送ってくれませんか」という依頼が届くことも。

こちらで思いつくままに作って送るときは、お嫁さんに冷蔵室&冷凍庫の空きスペースをたずねてからにしています。先日送ったのは、豚の角煮入り炊き込みご飯、マーブルクッキー生地、コーンドビーフ、アジの南蛮漬け、チキンカレー、納豆、自家製佃煮など。「クッキー生地は凍ったまま薄切りにしてオーブン焼き」「コーンドビーフは解凍してスライスし、マスタードを添えて」「炊き込みご飯は、150gにつき、電子レンジ600Wで2分30秒加熱」のメモをつけました。

68● おいしいがいちばん！ ごちそう1人鍋

材料をポンポンと鍋に入れ、火にかけるだけ！　鍋物はいちばん簡単な料理です。仕事に追われ、料理を作る時間もままならない女性のために、「働く女性の1人鍋・1週間」を新聞に掲載したら、「おかげで快調です。快便が毎日続くようになり、体重も減り、足のむくみも取れました！」「ファンデーションののりがよくなって、会社できれいになったといわれます」などなど、次々とお便りが……。

コンビニの「鍋キューブ」、いわゆる固形の鍋の素を使って、ごちそう1人鍋を作ってみませんか。もちろん、液体タイプの鍋の素を使ってもいいのです。

鍋キューブにはさまざまな味があり、1年間常温保存できます。炊き込みご飯や煮物にも使えます。鍋キューブは硬いので、袋の外からジャムビンの底などでコンと叩いて粉末状にして加えます。

〈1人鍋の基本レシピ〉

鍋に水1カップと鍋キューブ1個を入れて火にかけ、煮立ったら具材（たんぱく質食材100g＋野菜200gが目安）を入れ、中火で5分煮ていただく。最後に、ご飯を茶わん½杯分加えて雑炊に。

鍋の素とメニューの組み合わせアイデア

・鶏ももとしめじ＆寄せ鍋しょうゆの素……長ねぎも加えるとおいしい。
・エビとキャベツ＆鶏だし、うま塩鍋の素……おろししょうがにかぼすを絞って。
・豚肉とにら＆キムチ鍋の素……豆腐もプラスして。
・アサリとわかめ＆濃厚白湯鍋の素……すりおろした長いも、にんじんのせん切りを加えて。アサリに塩気があるので、鍋の素は控えめに使って。
・厚焼き卵と春菊＆野菜だしの鍋の素……厚焼き卵（市販品でＯＫ）に、薄切りベーコンもプラス。卵の甘味とベーコンのうま味で、野菜の味が引き立つ。
・牛肉とトマト＆寄せ鍋しょうゆの素……牛肉はごま油で焼き、砂糖をかけてすき焼きに。トマト、ごぼう、長ねぎを入れて。
・タイと水菜&鶏だし鍋の素……タラ、カジキなどの白身魚でもOK。えのきたけをプラス。レモン汁とすりおろしにんにくで、淡泊な鍋を絶妙にサポート。
・ミートボールとじゃがいも&キムチ鍋の素……市販のミートボールで、こってり激うまのタッカンマリ風。じゃがいもの薄切り、みつばやパプリカを入れて。
・鶏団子&濃厚白湯鍋の素……鶏ひき肉、キャベツ、万能ねぎに中華麺を加えてチャンポン風。
・ポークミネストローネ鍋……豚ばら肉は切らずにそのまま煮込んで。大根、にんじん、ミックスビーンズ、万能ねぎを加え、ピザ用チーズをのせて。

69● ときには人のためにご飯を作る

夫は転勤族だったので、引っ越しした数は16回。結婚生活のあらかたは社宅で過ごしました。今でこそ、「マンション」といいますが、当時は「アパート暮らし」といったものです。

日本製粉主催の「ふっくらパンのコンテスト」に出場したいと、連日練習に励んでいたときは、階下に住む上司の奥様から「ムラカミさん、パン焼けましたぁ!?」と、声がかかります。同じ階段を共有する住人がどやどやと上がってきて、ああでもない、こうでもないとパンの品評会が始まったものです。

結婚する前から、実家でぬか漬けを作っていました。結婚してからは、アパートの希望者のぬか漬けを一手に引き受けていました。自分からいい出したことです。

夕方になると、おままごとの買い物カゴを提げたお子さんが、玄関に現れます。

きゅうりやなす、にんじん、キャベツなど、カゴの中に入っている野菜を受け取り、代わりに、漬けておいた野菜をポリ袋に入れて渡しました。

「アイスクリーム屋さん」をしていたこともあります。その頃、アパートで単体の大型フリーザーを持っていたのはわが家だけでした。3人の子どもたちを出産するときに、計画的におかずを冷凍ストックして、産後の食事をまかなっていたのです。

牛乳、卵、砂糖、生クリームで基本のアイスクリームを作り、マシュマロ、フルーツ、チョコレートチップなどを混ぜて空の牛乳パックに流し、冷凍保存。

同じアパートの友人から、「今から子どもをアイスクリームを買いにやります」と電話があれば、持ってきたお金の分だけ、紙パックごと切り取って渡しました。

今思い返せば、楽しい暮らしでした。毎日、誰かと接触することで、人のぬくもりを感じることができます。私は他家のお宅をのぞくことも大好き。自分と違った世界で、発見も多々。逆によその人に来てもらうと、掃除をまめにするようになります。

こんな生活の経験から、私はおひとりさまになっても他人《ひと》に見られることが必要だと思っています。

突然やってきた昔の教え子に、「お昼食べていかない?」と、声をかけることも。

たいした材料がなくても、卵があれば、温泉卵、ゆで卵、オムレツができます。電子レンジでゆで卵を作ってみせると、客人は感動！　もしアスパラがあればゆで、ざくざく刻んで、刻んだゆで卵をのせ、塩、こしょう、ワインビネガー、オリーブ油をふりかければ、フレンチサラダが完成。パンを添えれば立派なランチです。シンプルな料理でも、こだわりのワインビネガーやオリーブ油があると、グレードアップできます。

誰かに食べてもらって喜ばれると、自分のご飯作りのエネルギーにつながります。

70●残りスパイスでガラムマサラ

息子一家の引っ越しの手伝いに出かけたときのことです。お嫁さんが「こんなものが出てきました。持って帰ってくれませんか?」。ガーリック、ジンジャー、オレンジピール、クローブ、ナツメグ、オールスパイス、コリアンダー、クミン、キャラウエイシードなどのスパイス類。オシャレな料理を作るために買ったけれど、出番がなくてたまっていった乾燥スパイスです。喜んで持ち帰りました。

ミキサーにビンの中身を移し、ガーッと回して粉末に。ガラムマサラ(香りづけや辛さを出すのに使われる、インドの複合スパイス)の完成です。スパイスの空きビンに詰めて、ひとビンはお嫁さんにプレゼント。

おひとりさま用のレトルトカレーに、小さじ½ほど足すと、本格的なカレーに変身します。ハンバーグ400gに小さじ1杯混ぜれば、香りも味も深くなります。また、薄力粉、砂糖、バター各100g、卵2個にガラムマサラ大さじ2を入れて焼くと、「パン・デピス」*というエキゾチックなお菓子に仕上がります。

ガラムマサラをビンに入れ、フタはしないで部屋の隅や冷蔵庫、トイレに置くと、消臭剤の役目もしてくれます。湿気を吸って表面が硬くなったら箸でほぐすと、お香を焚いたようないい香りが漂います。

*十字軍の遠征とともに各地に伝わったといわれる「スパイスのパン」という名のお菓子。

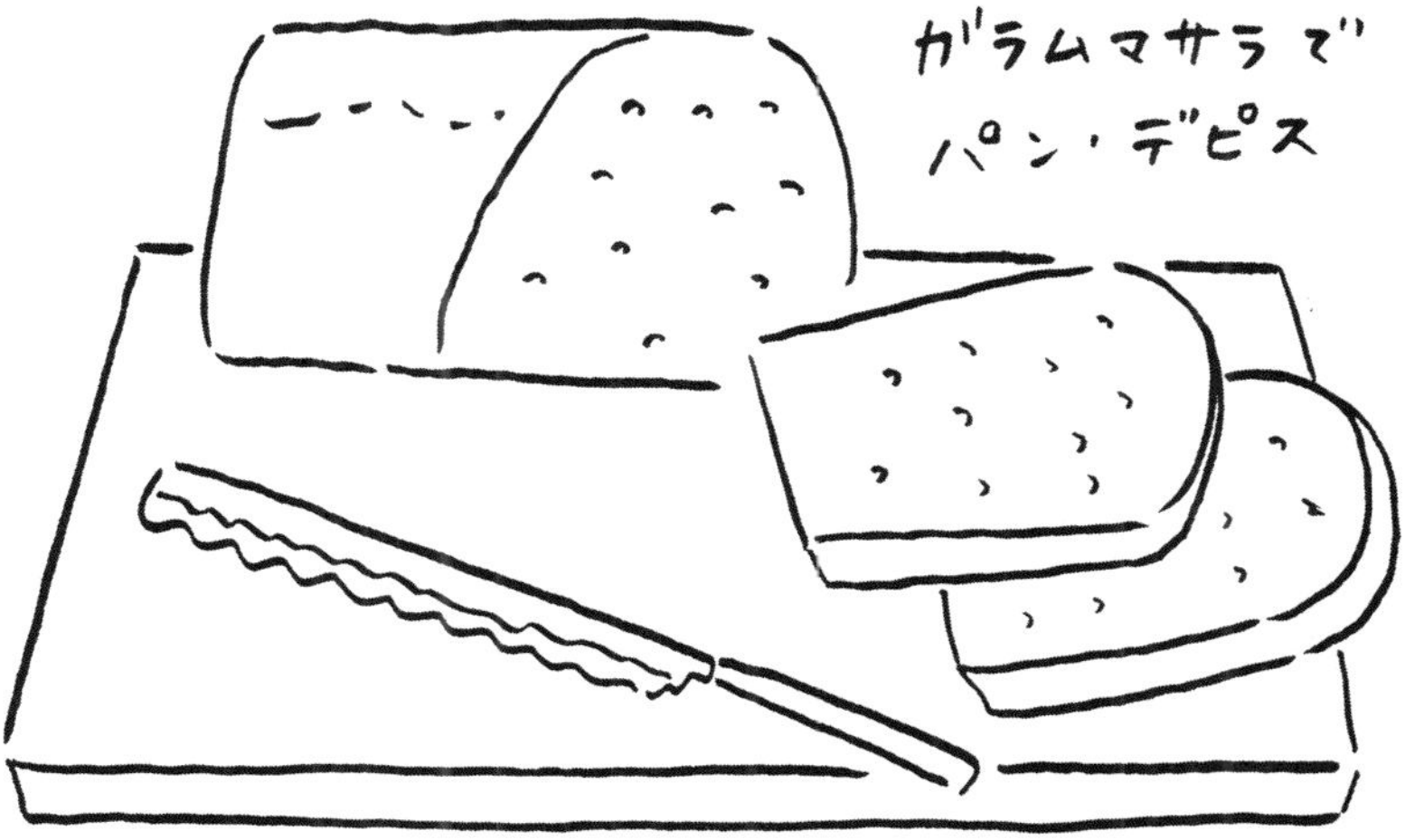

71・梅干しおむすびのありがたさ

ムラカミのスタジオでは、忙しい撮影のときも、昼食を省くことはありません。カメラマン、デザイナー、スタイリスト、編集者、メーカーの担当者の方などにはお昼を準備します。前日に作っておける、牛すじカレーやおでんなどです。スタッフにも交代で、昼食をとってもらいます。

ボスの私は茶わん1杯分（150g）のご飯で2個の梅干しおにぎりを作り、合間を縫ってパクパクと食べます。

エネルギーのもと、ブドウ糖の補給です。252kcalで糖質50gが摂れます。これだけでも、脳は8時間は働きます。夕方までもつのです。

西麻布のスタジオをクローズしてからは、福岡を拠点にしています。東京の仕事の依頼があるたびに、私が上京して打ち合わせをします。

その日に合わせて雑誌の連載、テレビ、単行本の担当者とスケジュールを調整し、ホテルのコーヒーラウンジで打ち合わせをします。

そのための資料も、バカにできない重量です。食料品なら10kg入るほどの帆布製のバッグをかついで、さらに両手に荷物を持ちます。

片方は、黒色の帆布製トートバッグ。30穴のバインダー、資料、新聞、筆記具、弁当代わりの梅干しおにぎりなどが入ります。もう片方はお会いする方へのおみやげ品(手作りのジャムなど)を紙袋で提げます。合計で16kg。

夕方6時には羽田に向かい、最終便で帰宅しますが、万が一のため、朝、梅干しおむすびを作ってバッグにしのばせています。

途中で飛行機が遅延しようが、これさえあれば飢えをしのげます。食べないまま持ち帰ることも多いのですが、梅干しが入っていますから夕方まで傷むことなく、自宅でチンして食べています。

スタッフと一緒に、関西や北陸に出張することもあります。そのときも、梅干しおむすびを2個ずつ、人数分用意。新幹線に乗り込みます。

72●スーパーのパックおでんに青菜をプラス

最終便の飛行機で東京から戻ると、家に着くのが23時近くになります。これから料理するのはごめんこうむりたいけれど、何かお腹に入れたい。そんなときは、スーパーでパックのおでんを買って帰ります。

おでんを鍋にあけて温めます。ゆで卵が好きなのですが、電子レンジではパンとはじけます。必ず「鍋で温める」を守ります。

とはいえ、おでんは練り製品が多く、野菜は大根くらい。そこで、ほうれん草1把（200g）も購入し、洗ってポリ袋に入れ、口は閉じずに耐熱容器にのせ（袋がレンジの底面にペタリとくっつかないように）、電子レンジ600Wで4分加熱。水にとり、絞って切ります。

お皿におでんを盛り、ほうれん草を添えれば、夕飯のでき上がり。溶き辛子（165ページ参照）をつけて、いただきます。

ほうれん草を足して
おでんも彩りよく

73 ● サラダコンポーゼでおもてなし

ふだんはおひとりさまの私のキッチンに、5人も知人が集まることがあります。小さい丸テーブルに、紙ナプキン、紙おしぼり、箸を並べます。

おもてなしメニューは、ノンアルコールビールとパン、そしてサラダコンポーゼ。料理するのは、サラダコンポーゼだけです。

フランスやイタリアでは、夜はコールドミートですませるので、昼食が1日でいちばん豪華な食事です。サラダコンポーゼは、昼食の前菜代わりにもなる華やかなサラダ。アメリカンサラダのように全部混ぜてしまうのではなく、生野菜に別々に味をつけ、彩りよく、ディナープレートに盛りつけます。

ドレッシングは共通のものを使うので、見た目ほどには手間がかかりません。4人分で、酢とワインビネガー、エクストラバージンオリーブオイルとサラダ油を大さじ

1ずつ合わせ、塩小さじ⅓、こしょうを加えるだけ。トマトは薄切り、トレビスとサニーレタスはひと口大にちぎり、紫キャベツとにんじんはせん切りにし、ドレッシングであえます。キャベツには砂糖小さじ1を、にんじんのドレッシングには粒マスタードを加えるのがコツ。

各人用のディナー皿にそれぞれを盛り込み、トマトとトレビス、レタスには残りのドレッシングをかけ、みじん切りのパセリをふります。にんじんはチーズおろし器の粗い目でおろすと、味がしみやすくなります。

華やかなサラダが一品あるだけで、会話に花が咲きます。

74● 大好きな季節限定の絶品チーズ

先日知人で集まったときは3月で、ちょうどモン・ドールチーズの時季だったので、東京から取り寄せました。

モン・ドールチーズは、フランスとスイスの国境に位置する、ジュラ山脈にある山「モン・ドール」の名前を冠しているチーズの1種。フランス側でもスイス側でも作られており、香りのよい〝エピセア（もみの木の1種）〟の樹皮で側面を巻き、熟成させます。表面はカビに覆われていて、中身は流れるようにクリーミーなチーズ。最小でも1個500gはあり、1人分だけカットしてもらって購入するのは難しいのです。

中がまだ若くて硬いときは、皮ごと切り分けて食べます。トロトロになっていれば、スプーンですくってパンにのせて供します。

人が集まるときは、いただく1時間前には冷蔵庫から出し、室温に戻しておくと、中がとろ～りとなります。

モン・ドールの中身が半分になったら、にんにくを加え、ワインを注ぎ、パン粉をたっぷりかけ、パセリのみじん切りを振り、１８０℃のオーブンで20分焼きます。チーズが増えたようにみえて、デラックスな一品になり、お客様も大喜び。

残ったチーズの外皮も楽しめます。周りをアルミ箔で囲み、にんにくひとかけを入れ、白ワインを3分の1の高さまで注ぎ、１８０℃のオーブンで20分焼くと、皮もトロトロに仕上がります。パンにつけて、フォンデュのように食べます。

チーズはカマンベールや青カビゴルゴンゾーラも喜ばれます。スモークサーモンやハムなどと一緒に盛ると、ごちそうになります。

75● お悔やみのあとには惣菜をたずさえて

「お祝いごとは招かれなければ行かなくてよいけれど、不幸ごとは片類でも知っていたらお悔やみに行くように」と、母はいっていました。

私は長く生きてきましたし、仕事のおつき合いも多いので、悲しいことも心配なことも起こります。夫が亡くなったときは、東京の友人から、「遠方だから行けないけれど」とお悔やみの手紙をいただきました。

お祝いごとも、お悔やみも、めったにあることではありません。

心のこもったお便りは、文面をコピーして持っています。こちらから出す手紙のお手本です。メールと違って跡が残りませんから、私が送った手紙も、コピーして持っています。

葬儀が終わったあとで人づてに知り、お悔やみに伺うこともあります。ご自宅に伺うときは、御仏前の包みのほかにちょっとしたお惣菜などを持参することも。「筑前煮」や「ラタトゥイユ」、「筍の煮物」や「かやくご飯」など、3～4日冷蔵庫に保存できる料理にしています。

「弔問客の応対に追われてろくな食事もとっていませんでした。とても助かりました」と、あとでお礼の電話をいただいたこともありました。

料理教室の生徒さんから「あさってから検査入院することになりましたので、明日のお教室はお休みします」と、知らせがありました。まだ若いのですが、30年来、熱心に教室に通ってくださっている生徒さんです。病気とはさぞ、心細いことでしょう。

教室の献立（グリエールチーズのフラン、カツオのたたき、カポナータ、うすいえんどうや菜の花と昆布〆の鯛を散らした寿司、かぼちゃのすり流し汁、茶碗蒸し、いちごのブランマンジェ）をご家族の人数分用意し、入院中に読んでいただければと、ムラカミの新刊本、元気づけの自家製甘酒原酒とともに、お届けしました。その晩、ご本人から電話がありました。「必ず、元気になって戻ります。そして、私が先生を助けてあげられるようになります」と。

76●大根の葉で倹約レシピ

ケチと倹約は違います。倹約とは、「始末するところはとことん徹底的に。ものをムダにしないこと！」だと思うのです。

スーパーで大根を購入したら、首のところに少し残っている葉の茎の部分を切り落とし、大根は冷蔵します。葉がついたままにしておくと、大根の養分を吸い上げて葉を伸ばし始め、大根本体がスカスカになってしまうのです。切り落とした茎葉は縦2つに割ってポリ袋に入れ、耐熱容器にのせ（ポリ袋が熱で電子レンジの底に張りつくのを防止するため）、電子レンジ600Wで2分チン。水にとって刻み、菜めしにしたり、みそ汁の具材に使います。少し残った野菜（にんじん、かぼちゃ、なすなど）も、まとめてレンチン（100gにつき600Wレンジで2分）し、ひと口サイズに切って、ドレッシングであえればマリネができます。ケチではない倹約で、始末よく料理をしたいと思います。

77●お菓子は冷凍して少しずついただく

母校の開学記念式典で、紅白の鶴亀のお菓子をいただきました。仏様にお供えしたら、切り分けてフタ付き容器で冷凍します。いただきものは、こんなふうに冷凍しておけば、「甘いものをちょっと」というとき、小出しにして楽しむことができます。

私がマスコミデビューした50年前は、寒天でできている水羊羹の冷凍は厳禁とされていました。でも、ゼリッシュアガーが使われるようになり、今は冷凍できます。まんじゅうや、バターや生クリームなど脂肪が入っているケーキ、ババロアもＯＫ。

冷凍しておいたフルーツゼリーを半解凍でいただくと、フルーツシャーベットのおいしさが味わえるので、わざわざ冷凍しておきたいくらいです。冷凍できないお菓子はまずないと考えて、とにかく冷凍するのがおすすめです。食べきれないうちに風味がなくなったり、賞味期限切れになってしまうことを避けられます。

78● おもたせのデザートに最後のひと仕上げ

東京にいるときは、アメリカ人の生徒さんのホームパーティーによく行きました。おみやげをたずねると、いつもドリンクを希望されます。ゲストは自分の好きなワイン、ウイスキー、ジンなどを提げていき、その場で開栓。ホストは氷、おいしい水、紙コップ、フェルトペンを用意しておき、入り口で紙コップにペンで名前を書いてお客さまに渡します。自分で好みのドリンクを作るというしかけです。

私も、ホームパーティーのときはアメリカ流。紙コップに名前を書いてもらいます。車でお越しの方も多いので、ソフトドリンクやノンアルコールのビール、シャンパンも準備します。事前におみやげを聞いてくださる方には、ノンアルコールのドリンクをお願いしています。

ホームパーティーのおみやげで何といっても多いのが、花とお菓子。花瓶をいくつか用意しておき、受け取ったらその場で生けてゲストに見ていただきます。

おもたせのお菓子も、ひと手間加えてお出しします。

最中をいただいたことがありました。いつもは刺身や炊き合わせを盛る、木の葉形の萩焼の皿に1個のせ、縦2つに割ったいちごも一緒にのせて、ステンレス製の黒文字仕様にできたフォークを添えました。外でランチをいただいたとき、デザートの皿に少しですがフルーツが添えられていて、かわいいし口の中がさっぱりしたので、参考にしたのです。萩焼に最中のベージュと赤いいちごが映えて、喜ばれました。

おもたせのお菓子に
ひと手間加えて

79●テーブルから始まる暮らし

3番目の子どもが生まれるとき、5人家族になるからと、小田急ハルクで白木の広いテーブルセット（幅90cm×長さ190cm）を買いました。

このテーブルで食事をし、手紙を書き、子どもたちに童話を読み聞かせました。アイロンかけや、赤ちゃんに湯浴みをさせ、ベビー服を着させるのにも、ちょうどいい高さです。向こう側で子どもがおもちゃで遊んでいても、こちら側で娘の洋服を縫ったり、編み物をすることができました。

大きなテーブルは、何役もこなして50年経ちました。椅子の背も傷だらけになりましたが、苛性ソーダ溶液でアク洗いをし、シュウ酸液で拭いて中和。ニスも塗り換えて使ってきました。椅子の座面はさすがに張り替えを頼みましたが、延々と使ってきました。

このテーブルセットは、息子が結婚したときに譲りました。マンション住まい時代は食卓になり、戸建てに移った今は、書斎でパソコンも置いて大きな勉強机になっています。

今、私のキッチンにあるのは、ちゃぶ台代わりの丸テーブル（直径75cm×高さ70cm）です。アメリカのアンティーク家具で、傷がつきやすいので、上に同サイズのガラス板を置いて、そこで食事をします。デザートもいただきます。ちょっとした書き物もします。

このテーブルに、直径30cmのけやきの丸盆をひとつ置いています。茶碗、汁椀、主菜の小鉢をのせて、おひとりさまの食事です。お医者様が処方なさった粉薬を飲むときは、水の入ったコップを用意し、この上で、はさみで封を切ります。薬が散ったときも、汚れるのはお盆の上だけ。流しでさっと洗えます。

お盆ひとつで、自分だけの小宇宙の演出です。

80●長生きのコツは、頑張り過ぎないこと

村上祥子の実習教室は従来の料理教室と違って、生徒さんは、面倒なことはしなくていいのです。下ごしらえやあと片づけは、私とスタッフ5人でやります。生徒さんは、料理を長年やってきた人たちです。下ごしらえやあと片づけも家で毎日やっています。教室に来てまでしなくていい、と私は思っているのです。

生徒さんはテーブルにつき、椅子に腰掛けて、「ここがポイント」というところだけ実習。材料を切ったり、煮たり、炒めたりします。各テーブルに電子レンジも設置し、レンチン料理は1人ずつ加熱して仕上げてもらいます。「時間や手間をかけなければ、おいしい料理はできない」ということはありません。

長生きのコツは、頑張り過ぎないことです。

おひとりさまのあなた、「お昼は休業」と決めてはどうですか？　コンビニのお弁

当を買ってきてもいいですし、ウィンドウショッピングに出かけたときや趣味のサークルに参加した日のお昼は、外食をしてもよいのです。

糖尿病の本を作るとき、定食屋さんのメニューを量らせてもらいました。ご飯は200g、たんぱく質の料理は200g近くありました。私は350㎖容量のフタ付き容器をバッグに入れておき、外食のときはご飯の4分の1ほどここに取り分け、自己責任で持ち帰ります。

ざるそば、ラーメン、うどんなどのお昼もいいですね。プロの技は家庭の味とまったく違いますから。その場合は、たんぱく質の料理や野菜を夕食で補いましょう。

「今日はちょっと気張って、2千円近くなってもいいわ」というのでしたら、夜はイタリアンや和食、寿司などの専門店になるお店を選ぶと、食材の質も高いです。ランチメニューはどこでもサービス料金で、コストパフォーマンスが高いです。

私は知人と会うときは、そんなイタリアンレストランを選びます。自家製フォカッチャ、サラダコンポーゼ、肉か魚介のパスタまたはリゾット、デザート、コーヒーまたはティー。おいしい上に、お腹がいっぱいになる量です。何よりいいのは、台所に立たなくていいので、次の料理が出るまで会話をゆっくり楽しめることです。

81● 介護食にもなる黄金ルールのプリン

ちょっと甘いものが欲しいときは、プリンを手作りしてみませんか？　材料は卵と牛乳だけで簡単ですし、栄養補給にもいちばん。介護食にも喜ばれます。以前、教室で紹介したときも、「温かいプリンを初めていただきました！　超がつくほどおいしいです」と、評判でした。

分量が覚えやすいので、私は「黄金ルールのプリン」と呼んでいます。卵1個に牛乳½カップ、砂糖大さじ1、バニラエッセンス少々。これで、75㎖プリン容器2個分です。ぜひ、温かいできたてのプリンを食べてみてください。残りは冷蔵庫に保管し、ひんやり、つるりのプリンを楽しみます。温かいプリンは型から取り出せないので、カラメルソースを上からかけて、そのままスプーンでいただきます。ソースは、メイプルシロップに替えてもOKです。

黄金ルールのプリン

材料［**2個分**］

・卵………1個
・砂糖………大さじ2
・バニラエッセンス………少々
・牛乳………1/2カップ
・水………小さじ1、大さじ1

温かいできたてプリンに
カラメルソースをかけて

作り方

①卵を溶きほぐし、砂糖大さじ1、バニラエッセンス、牛乳を加えて混ぜる。こして、プリンカップに注ぎ分ける。

②鍋に入れて、水を1㎝深さまで注ぐ。フタをして火にかけ、ゴトゴト音がし始めたら、弱火で3分加熱し、火を止めて10分おく。

③別の鍋でカラメルソースを作る。砂糖大さじ1、水小さじ1を入れ、火にかける。水分が蒸発し、色づき始めたら鍋をゆすり、カラメル色になったら火を止める。水大さじ1を加えて溶かし、火を止める。でき上がったプリンにかける。

82●母が最後まで望んだ「おだしの水ギョーザ」

母の病気が不治のものとわかり、亡くなるまでの9カ月は、毎日、病床につめていました。50数年前の話です。体力はどんどん衰え、いつも栄養失調の状態。そこで本人が思い浮かべるのは、食べ物のことばかりです。

初めのうちは、料亭やレストランの料理の名前を挙げていました。お店に頼んで分けてもらい病室に運びましたが、本人が思っていたほどには食が進みません。だんだん、わが家で食べていた普段のおかずを希望するようになりました。

そんな母が最後まで食べたいと望んだのが、和風だしに浮かんだ水ギョーザです。病室に住み込みのつき添いさんもいた時代です。私がギョーザとだしを自宅で仕込み、つき添いさんが病院の炊事場で10円硬貨を入れてガスで温めて、病室に運んでいました。簡便な作り方をご紹介します。

おだしの水ギョーザ

材料［**1人分**］

- 削り節……3〜4g（3本の指で1つまみ）
- 熱湯……180mℓ
- 薄口しょうゆ、酒……各小さじ1/2
- 冷凍ギョーザ……4〜5個

作り方

①ボウルに削り節を入れ、熱湯を注ぎ、10秒おいて鍋にこし入れ、薄口しょうゆ、酒を加えてだしを作る。

②鍋で軟らかくなるまでゆでた冷凍ギョーザを椀に入れ、だしを注ぐ。

83・買い物に出られない日のおかず

月曜日は仕事は入れず、私のキッチンの食品買い出しデーと決めています。でもこの日に限ってエアコンが壊れ、修理マンを待つことになったりします。こんな日こそ、買い置き食材が活躍！

缶詰や冷蔵庫にあるものを使って、簡単に作れるレシピをご紹介しましょう。

ペペロンチーノは、「エッ、炭水化物だけ!?」なんていわないで。これがおいしいのです。缶詰のサバの身のサイズはまちまちなので、できるサバカツの大きさも不揃いになりますが、それもご愛敬。食べきれない分は冷凍保存してください。

アーリオ・オーリオ・エ・ペペロンチーノ

材料［**1人分**］

・スパゲティ（乾燥）……75g
・オリーブ油……大さじ1
・おろしにんにく……小さじ1/2
・刻み赤唐辛子……小さじ1/2
・黒こしょう……適量

作り方

①スパゲティは塩（分量外）を加えた熱湯でゆでる。
②耐熱ボウルにオリーブ油、おろしにんにく、刻み赤唐辛子を入れて混ぜ、ラップをして電子レンジ600Wで2分加熱。加熱の途中でも、にんにくが色づき始めたら取り出す。
③湯をきったスパゲティを加えて混ぜ、こしょうを挽く。

サバカツ

サバ水煮缶の汁を切り、小麦粉、溶き卵、パン粉をつけて170℃の油で揚げる。油はフライパンに深さ5㎜ぐらいでOK。

トマトスムージー

缶詰のカットトマトと牛乳、1：1の割合でミキサーにかける。氷も加える。

大豆のマリネ

大豆水煮缶の汁をきり、たまねぎの薄切り少々とドレッシングをかけてあえる。たまねぎは冷蔵庫になければ省略。代わりに、ゆずこしょうやわさびを足してもおいしい。

84・食事の最後は汁物で一服

そば屋では、最後にそば湯が出ます。つゆに注いで飲み干すのが楽しみです。おいしい汁物で心のやすらぎを得るのが、日本人の感性のようです。たいしたおかずがない日でも、汁物を一品作るだけで満足します。

〈汁物アイデア20〉

・すまし汁（みつばとゆず程度）
・ふわふわかきたま汁
・いりこ（煮干し）でおいしいみそ汁（椀の底に練りわさびを絞り、具は万能ねぎの小口切りだけ）
・わかめと豆腐のみそ汁
・あさりのみそ汁

・なめことみつばのみそ汁
・万能ねぎと落とし卵のみそ汁
・ちくわとにらのみそ汁
・白菜と焼きもちのみそ汁
・しめじと天かすのみそ汁
・ベーコンとキャベツのみそ汁
・大根とサケ缶のみそ汁
・しじみのみそ汁
・油揚げと万能ねぎのみそ汁
・焼きなすのみそ汁
・じゃがいもとほうれん草のみそ汁
・玉ねぎとバターのみそ汁
・わかめスープ
・コーンチャウダー
・もやしとサラダチキンのスープ

85●品川プリンスホテルのホットサンド

東京の仕事の依頼があるたびに上京し、品川プリンスホテルのコーヒーラウンジで打ち合わせをしています。朝10時にスタートして、夕方5〜6時まで。出版社やテレビ局、4社ぐらいの方にお目にかかります。

ここのコーヒーラウンジの、ハムとチーズのホットサンドイッチがとてもおいしいのです。

昔ながらの岩塩とスパイスで漬け込み、熟成させ、ボイルしたピンク色のボンレスハムの厚切りと、チーズを食パンにはさんで、バウルー（直火で焼き上げるホットサンドイッチメーカー）でこんがり焼いたサンドイッチ。アメリカ開拓時代からの伝統を感じさせる、ほどよいおいしさなのです。

打ち合わせが長引き、編集者の方と一緒に、このサンドイッチでお昼をとることもあります。タイミングが合えば、東京在住の妹と一緒にランチをします。毎回、同じものを食べていますが、今のところ、飽きることはありません。

86●おひとりさまおせち

おひとりさまにも、正月はめぐってきます。

私が結婚した頃、正月には夫の部下の方たちが毎年、お年賀の挨拶にみえていました。そのため、年末の25～26日頃から、黒豆を作ったり、数の子を塩抜きしたりと、おせち料理の準備にかかりきりでした。寒い中、ひたすら鍋で炊き続けるので、古い社宅の台所のガラス窓に水蒸気が張りついて、だらだらと流れていました。とにかく量が必要だったので、冬のボーナスが出たら、おせちの材料費を確保するのに必死でした。

東京、大分、東京と転勤を繰り返すうちに、料理家としての仕事も増え始めます。1991年、『栄養と料理』1月号では、おせち料理をすべて電子レンジで作るという特集記事を撮影しました。

そして今、福岡の実習教室では「2時間でできるおせち料理9品」などを教えています。おひとりさまや夫婦2人暮らしの人が多いから、少量のおせちが望まれています。2人で2日も食べたら十分、という人が多いようです。今は、お正月でもお店が開いていますし、市販品でおいしいものもたくさんあります。無理してまで作らなくてもいいと思います。

心情的にどうしても何か作らないと、と思うのでしたら、黒豆やきんとんなど、自分が得意なものを1つだけ作っておけばいいんじゃないでしょうか。

ある年、喪中でおせち料理を作らなかったときがありました。そうしたら毎日三度三度、食事のことを考えなくてはならなくて、かえって忙しかったのです。主婦の骨休めのためには、市販品でも重箱に詰めておいたほうがいいですね。

簡単にできるおせちの作り方をご紹介しましょう。材料はすべて2人分×2（2人で食べて、2日間の分量）です。

飾りかまぼこ

材料［**2人分×2日分**］

・かまぼこ（紅白）……各1本
・カッテージチーズ（裏ごしタイプ）……30g
・ほぐしめんたいこ……適量
・ドライパセリ……少々

作り方

①かまぼこの端から5㎜のところに、深さ1.5㎝ほどの切れ目を入れ、次は5㎜幅のところで切り離す。残りも同様に繰り返す。

②最後まで終えたらかまぼこを立てて置き、包丁の背を板とかまぼこの間に差し込み、そのまま板に沿って包丁をおろし、切り離す（紅白1本ずつ）。

③白かまぼこには、ほぐしめんたいこを適量ずつはさむ。紅かまぼこには、カッテージチーズとドライパセリを混ぜ合わせたものを、適量ずつはさむ。

栗きんとん

材料［**2人分×2日分**］

・さつまいも……1本（正味200g）
・栗の甘露煮……100g
・砂糖……1/2カップ
・水……1カップ
・栗の甘露煮のシロップ、水……各1/4カップ
・塩……1つまみ

作り方

①さつまいもは両端を切り落とし、ピーラーで黒い芽の跡が見えなくなるまで皮をむく。幅3㎝の輪切りにし、水に放す。

②耐熱ボウルに水を切ったさつまいもを移し、水を注ぎ、ラップをし、電子レンジ600Wで6分加熱。さつまいもに竹串がスッと通ったら湯を捨ててつぶし、栗の甘露煮のシロップと水、砂糖、塩を入れ600Wで3分加熱する。

③食べやすいサイズに切った栗の甘露煮を加えて混ぜ、ラップをしてさらに2分加熱する。

田作り

材料［**2人分×2日分**］

・田作り（ゴマメ）……30g
・赤唐辛子（輪切り）……少々
・炒りごま……適量
・砂糖、しょうゆ、酒……各大さじ1
・サラダ油……小さじ1

作り方

①耐熱皿に田作りを広げ、ラップをしないで電子レンジ600Wで1分加熱し、乾燥する。
②直径21㎝ほどの耐熱ボウルに、砂糖、しょうゆ、酒、赤唐辛子、サラダ油を入れ、ラップはしないで電子レンジ600Wで2分加熱。田作りを加えてからめ、クッキングシートに広げて冷まし、炒りごまをふる。

数の子

材料［**2人分×2日分**］

・水……3カップ
・数の子……100g
・酒、しょうゆ、砂糖……各大さじ1
・赤唐辛子（2つに切って種を出す）……1本
・塩……小さじ1/2
・和風だし（顆粒）……小さじ1/2
・削り節……適量

作り方

①水2カップに塩を入れて溶かし、数の子を浸し、ひと晩冷蔵する。親指の腹で軽くこするようにして、数の子の薄皮をむく。数の子の間に薄皮があれば、竹串を使って取る。
②耐熱容器に水1カップ、和風だし、酒、しょうゆ、砂糖、赤唐辛子を合わせ、フタはしないで電子レンジ600Wで30秒加熱して砂糖を溶かし、冷ます。
③数の子を漬け、フタをして1時間おく。ひと口大に切って器に盛り、削り節をのせる。

伊達巻き

材料［**2人分×2日分**］

・はんぺん……1枚（70g）
・卵……3個
・砂糖……大さじ2
・塩……少々

作り方

①はんぺんを4つに切ってフードプロセッサーに入れ、なめらかになるまで回す。さらに卵、砂糖、塩を加えて回す。

②フライパンにクッキングシートを敷いてたねを流し入れ、フタをして弱火で10分焼く。

③クッキングシートごと取り出して耐熱皿にのせ、ラップをかぶせ、電子レンジ600Wで1分加熱する。

④ラップを外して、四角に切り落とし、切れ端を中央にのせて巻く。ラップまたは巻きすで巻いて輪ゴムでとめ、冷ましてから幅1cmに切る。

紅白なます

材料［**2人分×2日分**］

・大根……200g
・にんじん……30g
・塩……小さじ1/2
・砂糖、酢……各大さじ3
・水……大さじ1
・塩……小さじ1/5
・ゆずの皮……適量

作り方

①大根とにんじんは皮をむき、繊維に沿って5～6cm長さのせん切りにする。

②耐熱容器に入れ、塩を加えて混ぜ、フタはしないで電子レンジ600Wで30秒加熱する。取り出して、固く絞る。

③別の耐熱容器に砂糖と酢、水、塩を入れて混ぜ、合わせ酢を作る。

④大根とにんじんを加えて混ぜ、フタをして冷蔵する。食べるときに器に盛り、せん切りにしたゆずの皮をのせる。

筑前煮

材料［2人分×2日分］

・根菜ミックス（冷凍）……1パック（400g）
・鶏もも肉……200g
・しょうゆ、砂糖、酒……各大さじ2
・水……小さじ2
・青み野菜……適宜

作り方

①耐熱ボウルにキッチンペーパー2枚を敷き、根菜ミックスを入れ、ラップをして7分加熱する。ペーパーごと取り出して、根菜のみボウルに戻す。
②①に鶏もも肉をひと口大に切って入れ、しょうゆ、砂糖、酒、水を加えて混ぜる。
③クッキングシートをのせ、小皿を置き、落としブタ代わりにする。ふんわりとラップをし、電子レンジ600Wで8分加熱する。
④好みで青み野菜を電子レンジ600Wで1分加熱して添える。

雑煮

材料［1人分］

・もち……1個
・おぼろ昆布……1つまみ（2g）
・しょうゆ……小さじ1
・熱湯……120mℓ
・水……1/4カップ
・和風だし（顆粒）……少々
・みつば……1本
・ゆずの皮……1切れ

作り方

①もちは耐熱ボウル（小）に入れ、水を注ぎ、ふんわりとラップをし、電子レンジ600Wで1分加熱する。
②椀におぼろ昆布、和風だし、しょうゆ、2cmに切ったみつばを入れて熱湯を注ぎ、もちの湯を切って加える。あれば、ゆずの皮を松葉に切ってのせる。

87●おひとりさまでも行儀よく食べる

鶏手羽とゆで卵の煮物、ふろふき大根、肉豆腐など、鍋で1人分作ろうと思っても焦げついたり、軟らかくならなかったり……。そんなおかずは、できあいの惣菜を買うのも1つの方法です。

たとえば、鶏手羽先1個に小さめの煮卵が2個、しょうゆ色にツヤツヤに煮込まれた惣菜が210円。家に帰って直径12㎝の皿に盛りました。卵は2つに切って添えました。黄身の色が映えてかわいいです。ご飯と野菜のみそ汁を添えれば、立派な献立。器に盛り替えるだけで、素敵なごちそうに見えます。

惣菜を買うと、レジで「お箸、つけますか」と聞かれます。断って、マイ箸でいただきます。ペットボトルのお茶も、湯のみに注ぐだけで格好よくなります。1人用のお膳やランチョンマットを使い、箸置きを置けば、自分用の食卓が整います。ご飯茶碗は左に、汁椀は右に、買ってきたおかずは奥に置きます。

おひとりさまでも行儀よく食べると「きちんと食事をした！」という満足感が生まれます。いくつになっても、気取って、居住まいを正して暮らしていきたいと思っています。

器に盛り替えるだけでごちそうに。

88●料理がおっくうになったら

料理が仕事の私でも、料理がおっくうになることもあります。間に合わせの食事ですませていると、元気も出ません。特効薬は、とにかく外に出ること。そのためには、お風呂に入り、髪も洗って乾かし、ちょっとオシャレもします。バスや電車に乗って、街の中心部に出かけます。デパートの最上階には、そば、すし、中華、ピザ、イタリアン、フレンチと、数々の専門店が入っています。1人でも、ためらわずに店に入ることができます。「いや、高いでしょ!」。そう、いくらか出費は伴いますが、憂鬱の虫退治と思えば、お医者様に払うほどには食事代はかからないと思います。

誰か気の置けない友人に電話して、一緒に食事をするのもよいですね。

ムラカミの教室に、片道2時間ほどかけて毎月出席なさる方があります。その方は洋裁の先生なのですが、ご主人を亡くされて泣いてばかりの自分の生徒さんのことが気になっていました。そこで、ムラカミの教室に誘ってくださったのです。「いい？　よそゆきを着るだけではなくてお化粧もするのよ」。そういって連れて来てくださいました。

初めて来てくださったその方は、紫色のワンピースがとてもよく似合っていました。後日、ハガキを送りました。「グレーの髪に、バイオレットのスーツ。まるで絵の中から抜け出していらしたようなお姿でした」と。

すると、「楽しい、楽しい1日でした。その喜びを報告する相手がいなくて、また涙です。でも、頑張って来月も出かけます！」というハガキが届きました。

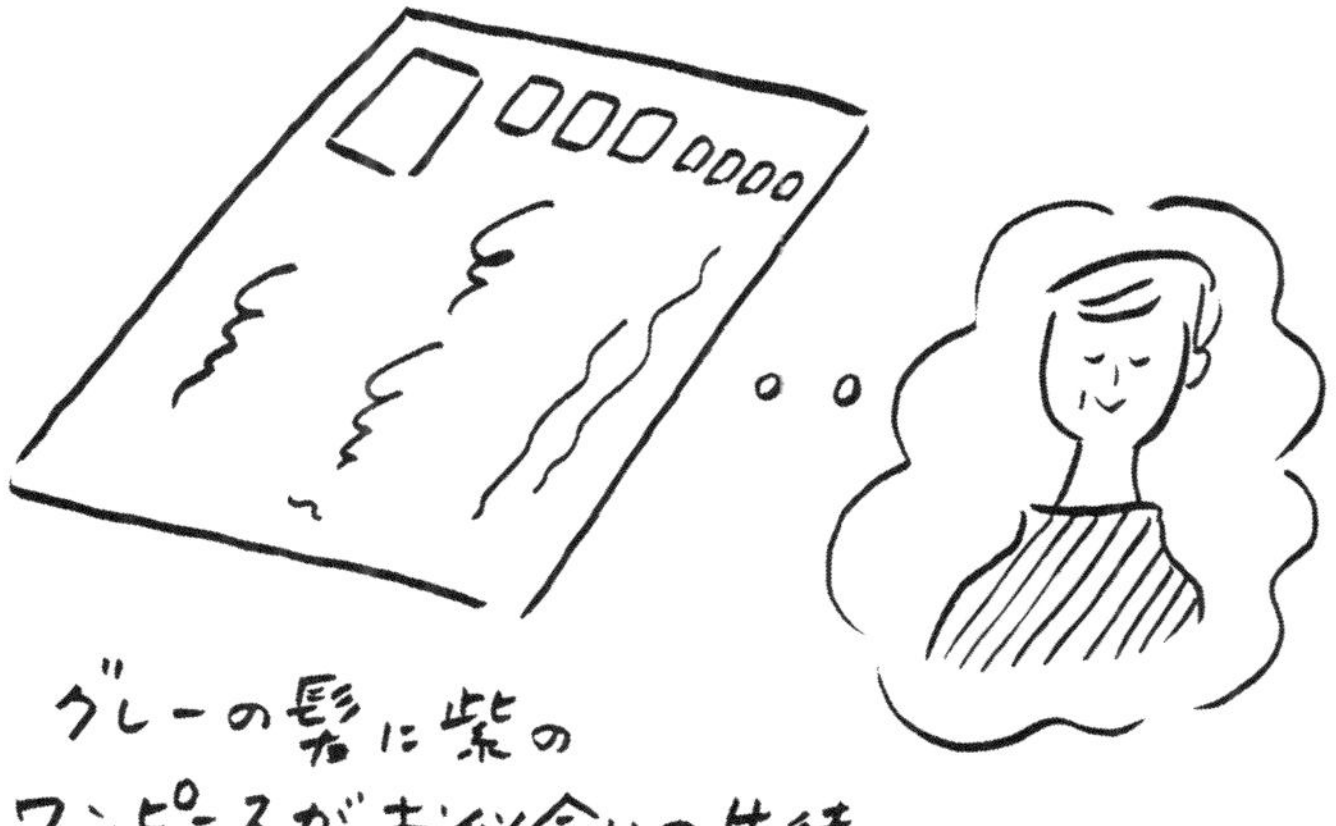
ワンピースがお似合いの生徒さん

食べることは生きること

私はたまたま料理が仕事となったおかげで、名実ともに毎日料理を作る人になりました。おかげさまで、「あれ……!?」という失敗や物忘れもあまりなく、生きています。

人生100年時代、みんなの悲願は「ボケたくない！」。

私は思うのです。料理こそ、最高の脳トレだと。

①メニューを考える
②安くてよい材料を必要な量買う
③道具と器を準備
④料理本番
⑤盛りつけ

⑥あと片づけ
⑦保存

五感をすべて使い、手、足、指先、注意力、判断力、運動神経、美意識……、あらゆる機能をフルに使って、毎回「できた！」「おいしい！」という成功体験を得られる料理。毎日キッチンに立っている限り、脳は安泰です。

私は多人数家族から夫と2人になり、そして今、1人暮らしです。

くよくよしていても始まらないと割り切って、シンプル化にトライして、今ある住居で自分らしく生活しています。

そのコツをお伝えしながら、「食べることは生きること」「人生は食べ力」をお伝えしたいという思いから生まれた『頑張らない台所』です。

大和書房の長谷川恵子編集長、編集の時政美由紀様、臼井美伸様に大変お世話になりました。御礼申し上げます。

2018年11月

村上祥子

村上祥子（むらかみさちこ）

76歳元気すぎる料理研究家。

管理栄養士。公立大学法人福岡女子大学客員教授。

1985年より福岡女子大学で栄養指導講座を15年担当。

治療食の開発で、油控えめでも１人分でも短時間でおいしく調理できる電子レンジに着目。

以来、研究を重ね、電子レンジ調理の第一人者となる。

「ちゃんと食べてちゃんと生きる」をモットーに、日本国内はもとより、ヨーロッパ、アメリカ、中国、タイ、マレーシアなどでも、「食べ力《ぢから》®」をつけることへの提案と、実践的食育指導に情熱を注ぐ。

「電子レンジ発酵パン」をはじめ「バナナ酢」「たまねぎ氷」など 数々のヒットを持つ。

これまでに出版した著書は340冊745万部。

公式ホームページ…http://www.murakami-s.jp/

60歳《さい》からはラクしておいしい
頑張《がんば》らない台所《だいどころ》
2018年12月15日　第１刷発行

著者
村上祥子《むらかみさちこ》

発行者
佐藤 靖

発行所
大和《だいわ》書房
東京都文京区関口1-33-4
電話：03-3203-4511

デザイン
文京図案室（三木俊一）

イラスト
ヤマグチカヨ

編集
時政美由紀（マッチボックス）
臼井美伸（ペンギン企画室）

本文印刷
信毎書籍印刷

カバー印刷
歩プロセス

製本
ナショナル製本

ISBN978-4-479-78456-2
乱丁本・落丁本はお取替えいたします。
http://www.daiwashobo.co.jp/